中等职业教育
计算机专业系列教材

PHOTOSHOP CS4
TUXIANG CHULI

U1070132

PHOTOSHOP CS4 图像处理

中等职业教育计算机专业系列教材编委会

主　编◎胡　凯

副主编◎罗媛媛

编　者◎（以姓氏笔画为序）
孙　毅　纳　佳　罗媛媛
胡　凯　廖泽吉

重庆大学出版社

内容提要

本书采用实例讲解的方式，全面、系统地介绍了 Photoshop CS4 的各项功能及使用方法，适合 Photoshop CS4 中文版软件初学者使用。本书运用从易到难的写作方式，让读者轻松入门，通过循序渐进的练习，逐步达到从业技能需求。

本书为中等职业学校计算机专业学生图像处理课程的教材，也适合广大平面设计、包装设计、网页设计、插画设计人员的学习使用。

图书在版编目(CIP)数据

Photoshop CS4 图像处理/胡凯主编. —重庆：重庆大学出版社，2012.1

中等职业教育计算机专业系列教材

ISBN 978-7-5624-6247-7

Ⅰ.①P… Ⅱ.①胡… Ⅲ.①图像处理软件，Photoshop CS4—中等职业教育—教材 Ⅳ.①TP391.41

中国版本图书馆 CIP 数据核字(2011)第 137979 号

中等职业教育计算机专业系列教材

Photoshop CS4 图像处理

中等职业教育计算机专业系列教材编委会

主　编　胡　凯

副主编　罗媛媛

策划编辑：李长惠　王　勇　王海琼

责任编辑：文　鹏　　版式设计：王　勇

责任校对：刘雯娜　　责任印制：赵　晟

*

重庆大学出版社出版发行

出版人：邓晓益

社址：重庆市沙坪坝区大学城西路 21 号

邮编：401331

电话：(023)88617183　88617185(中小学)

传真：(023)88617186　88617166

网址：http://www.cqup.com.cn

邮箱：fxk@cqup.com.cn (营销中心)

全国新华书店经销

重庆科情印务有限公司印刷

*

开本：787×1092　印张：11.5　字数：287 千

2012 年 1 月第 1 版　　2012 年 1 月第 1 次印刷

印数：1—3 000

ISBN 978-7-5624-6247-7　定价：29.00元

序言

在信息技术飞速发展的今天，计算机的应用几乎渗透到社会的各个领域，它既为中职计算机专业的发展提供了良好的机遇，同时也给我们的教学提出了更新的要求。培养既能够适应科技的发展和社会的需求、掌握计算机技术的高素质劳动者和技能型人才，又要顾及现阶段中职学生自身素质和教学资源的实际情况，已成为职业教育人才培养的重要内容和重要课题。

按照“以就业为导向，职业能力为宗旨；以项目为引领，任务驱动为平台；以学生为主体，教师为主导”的办学方向和现代职业教育理念，根据国家教育部中等职业教育人才培养的目标要求，结合社会行业对计算机技术操作型人才的需要，我们在调查、总结前些年计算机应用型专业人才培养的基础上，对计算机专业的课程设置进行了精选和调整，以进一步突出专业教学内容的针对性和实用性，重视对学生计算机方面基础知识的积累与教学、计算机技术操作技能的培养和综合素质的提高，使培养出来的人才真正满足社会行业的需要。为进一步提高教学质量，在云南省教育厅领导的大力支持下，与云南省职业技术教育学会信息技术教学专业委员会密切合作，我们组织了有丰富教学经验的教师和有实践经验的行业专家，编写了适应云南省情的这套中等职业学校计算机专业教材。

本套教材编写采用了新的教育思想、教学观念，遵循的编写原则是：“拓宽基础、突出实用、注重发展”。为满足学生对计算机技术学习的需求，力求使教材突出以下几个主要特点：一是按专业基础课、专业特征课和岗位能力课三个层面设置课程体系，即：设置所有计算机专业共用的几门专业基础课，按不同专业方向开设专业特征课，同时根据专业就业所要从事的某项具体工作开设相关的岗位能力课；二是全套教材统一采用“模块/任务”结构形式组织教材内容，“模块/任务”承载了课程所规定的全部内容，包括相关的基础理论知识、必备的操作技能和施工工艺方法。教材从强调实用性和操作性出发，采用主题模块引导、任务驱动的编排方式，依据课程的教学内容将其知识点分解并归纳为若干个模块，然后以每个模块为核心设计出相应的任务实例，再以任务实例为主体，以相关知识介绍为辅助组织教学过程，使学生掌握计算机方面的基础知识与技能；三是强调教材的互动性，本教材编写体现“做中学，做中教”的教学理念，设定老师讲授和学生学习操作的教学环境以计算机机房为主，体现计算机教学的特点，有利于学生模仿教师对计算机进行操作，讲述力求精炼，突出实用，注重知识的点与面、广度与深度的协调统一，使学生既能学到最实用的知识，又能了解到与课程相关的整体知识；四是任务和案例经过精心挑选和组织，特别注意反映计算机的新知识、新技术、新水平、新趋势的发展，使所学的计算机知识和技能与行业需要相结合，从中体现实际生产、生活中计算机的典型应用，强调学生动手操作和主动探究，在实践中学习和总结计算机的操作方法和相关概念；五是编写的体例和栏目设置新颖、赏心悦目，使中职学生便于学习、阅读和理解。

这套教材实用性和操作性较强，能满足中等职业学校计算机专业人才培养目标的要求，也能满足学生对计算机专业技术学习的不同需要。为了方便组织教学，与教材配套有相关的教学资源材料（素材、参考答案、课件、教案、视频教学片断等）供大家参考和使用。衷心希望本套教材能受到广大师生的喜爱，为职业学校计算机类专业的发展作出贡献。

云南省职业技术教育学会信息技术教学专业委员会

计算机专业教材组委会

2010年6月

前 言

Photoshop是当今公认最具有权威性的图形图像处理软件，经过多年发展与完善，已成为功能强大、应用广泛的图像应用软件。Photoshop CS4不仅在操作界面上有了重大改变，而且提供了高效的图像编辑和处理功能，已经开始涉足三维领域，其应用领域涉及数码照片处理、平面网页设计、建筑效果处理、服装设计、三维材质的制作、彩色印前处理等诸多领域。

本书本着“学生为主、案例教学、任务驱动”的宗旨，从图像处理的实际出发，将知识贯穿于各个任务当中，操作步骤清晰详细，能够较好地帮助学生学习和巩固基础知识。

全书共分10个模块，主要内容包括走进Photoshop CS4，选区的使用和编辑，图像的绘制和修饰，路径、形状和文字工具的使用，图像色彩的调整，图层与应用，通道与蒙版，滤镜的应用，Photoshop CS4的快捷操作，网页制作等知识。在介绍这些知识点的同时，本书将Photoshop CS4的创作理念及相关知识融入其中，以提高学生的设计技巧和图像设计水平。

本书各模块栏目的功能和特点如下。

模块综述：提出本模块需要学习的知识点、操作技能及学习目标。

任务目标：简述本任务涉及的知识点和须完成的具体任务。

做一做：实际利用在任务中学习到的知识点。

想一想：总结任务知识点。

友情提示：提醒相关知识点的操作技巧及知识点总结。

知识窗：增加学生任务知识点外的相关知识。

自我测试：每个模块结束后，通过填空题、选择题、简答题、操作题进行实际测试，检查学生相关知识点的掌握情况。

本书作者由职业学校的教师、广告公司的设计师组成，不仅具备丰富的教学经验，还十分了解企业需求。本书由胡凯主编，罗媛媛副主编，参与编写的人员还有廖泽吉、孙毅、纳佳老师。

由于编者水平有限，书中难免存在不足之处，希望广大读者朋友批评指正。

作 者

2011年6月

Contents

目录

模块五 图像色彩的调整

模块六 图层与应用

模块七 通道和蒙版的应用

模块八 滤镜的应用

模块九 Photoshop CS4的文件自动化处理

模块十 网页制作

模块一 走进Photoshop CS4

【模块综述】

Photoshop CS4是Adobe公司出品的最为出名的图像处理软件之一，可以为用户提供最专业的图像编辑与处理。本模块将通过制作图片“美丽的地球”“怡苑新景楼盘招贴画”及制作证件照这三个案例，真实生动地展现Photoshop CS4的神奇魅力，引领我们走进Photoshop CS4的神奇世界，探索Photoshop CS4的奥秘。

学习完本模块后，你将能够：

- 了解Photoshop CS4与图形图像处理之间的关系。
- 认识Photoshop CS4的界面管理系统及基础操作。
- 熟悉Photoshop CS4的各种文件格式及文件的基本操作方法。
- 认识Photoshop CS4在现实生活中的广泛应用。

任务一　制作图片“美丽的地球”
——步入数字图像艺术殿堂

■ 任务目标

Photoshop CS4 不但是一款专业的图形图像设计软件，还是一款方便实用的图形图像处理软件。本任务通过数码图片的处理，紧密联系实际，让同学们对 Photoshop CS4 有最为直观的了解，充分认识到 Photoshop CS4 的实用性。

■ 作品分析

将地球图案与天空、草地图案进行合成，初步认识 Photoshop CS4 在数字图像处理中的优势。

原图

⇒

效果图

■ 操作步骤

（1）执行“文件/打开”命令（快捷键“Ctrl + O”），打开“素材\模块一\任务一\草地. psd”和“素材\模块一\任务一\天空. jpg”，如下图所示。

(2)选择“移动”工具将“天空.jpg”移动到“草地.psd”中生成图层1，如下图所示。

(3)移动图层1到图层0上，执行“编辑/自由变换”命令调整天空图案的大小，如下图所示。

(4)执行“文件/打开”命令，打开“素材\模块一\任务一\地球.psd”，如下图所示。

(5)在“地球. psd”文件中,按住“Ctrl”键再单击图层1、2,选择“移动”工具将地球图案移动到“草地. psd”中,并调节(快捷键“Ctrl + T”)大小和位置。

(6)执行“文件/打开”命令,打开“素材\模块一\任务一\白鸽. psd”,如下图所示。

(7)选择“移动”工具将“白鸽. psd”的图像移动到“草地. psd”中，并调节大小和位置。

[想一想]

在以上实例运用中，我们学习了哪些图层知识？请根据所学知识，谈一谈你对图层的认识。

友情提示

Photoshop 的用途

Photoshop 是目前公认的最好的通用平面设计软件，其功能完善，性能稳定，使用方便，所以几乎所有的广告、出版、软件公司都运用它来进行图像处理，如对图像进行修饰、造型、色彩处理。另外，它还有绘图和输出功能等。在实际生活和工作中，我们可以用它将数码照相机拍摄下来的照片进行编辑和修饰；也可以将现有的图形和照片用扫描仪扫入计算机进行加工处理；还可以把摄像机摄入的内容转移到计算机上，然后用它对影像进行润色。总之，Photoshop 可以使图像产生特技效果，如果和其他工具软件配合使用，还可以进行高质量的广告设计、美术创意和三维动画制作。Photoshop 正在被越来越多的图像编排领域、广告和形象设计领域广泛使用，是一个非常受欢迎的应用软件。

[知识窗]

Photoshop 主要版本的发布时间、支持系统及其特性

版　本	发布时间	支持系统	特性
7.0	2002 年	Mac OS X, Windows	文本全部向量化,修复笔刷,新绘画引擎,支持相机 RAW 1.x(可选插件)
CS (8.0)	2003 年	Mac OS X, Windows	暗物质支持相机 RAW 2.x ,Highlymodified "Slice Tool",阴影/高光命令,颜色匹配命令,"镜头模糊"滤镜,实时柱状图,使用 Safecast 的 DRM 复制保护技术
CS2	2005 年	Mac OS X, Windows	支持相机 RAW 3.x,智慧对象,图像扭曲,点恢复笔刷,红眼工具,镜头校正滤镜,智慧锐化,Smart Guides,消失点,改善 64 bit PowerPC G5 Macintosh 计算机运行 Mac OS X 10.4 时的内存管理,支持高动态范围成像(High Dynamic Range Imaging),More smudging options, such as "Scattering",改善图层选取(可选取多于一个图层)
CS3	2007 年	Mac OS X, Windows, Windows Vista	全新的用户界面,Feature additions to Adobe Camera RAW,快速选取工具,曲线、消失点、色版混合器、亮度和对比度、打印对话窗的改进,黑白转换调整,自动合并和自动混合,智慧(无损)滤镜,移动器材的图像支持,Improvements to cloning and healing,更完整的 32 bit/HDR 支持(图层,绘图,更多滤镜与调整),快速启动
CS4	2008 年	Mac OS X, Windows, Windows Vista	Adobe CS4 套装拥有一百多项创新,并特别注重简化工作流程、提高设计效率,Photoshop CS4 支持基于内容的智能缩放,支持 64 位操作系统,更大容量内存,基于 OpenGL 的 GPGPU 通用计算加速

任务二　制作"怡苑新景"楼盘招贴画
——了解工作界面及图像处理的一般流程

■ 任务目标

Photoshop CS4 具有无与伦比的编辑与合成功能,能够为用户提供最为直观的视觉体验和高效的工作效率。本任务将要从新建文件开始,走进 Photoshop CS4,从最基础的启动和工作界面认识入手,为今后深入学习 Photoshop CS4 打下坚实的基础。

■ 作品分析

通过一幅楼盘招贴画的制作来学习 Photoshop CS4 的基本操作。

原图

效果图

■ 操作步骤

(1)执行“开始/程序/Adobe/Adobe Photoshop CS4. exe”命令，启动 Photoshop CS4，如下图所示。

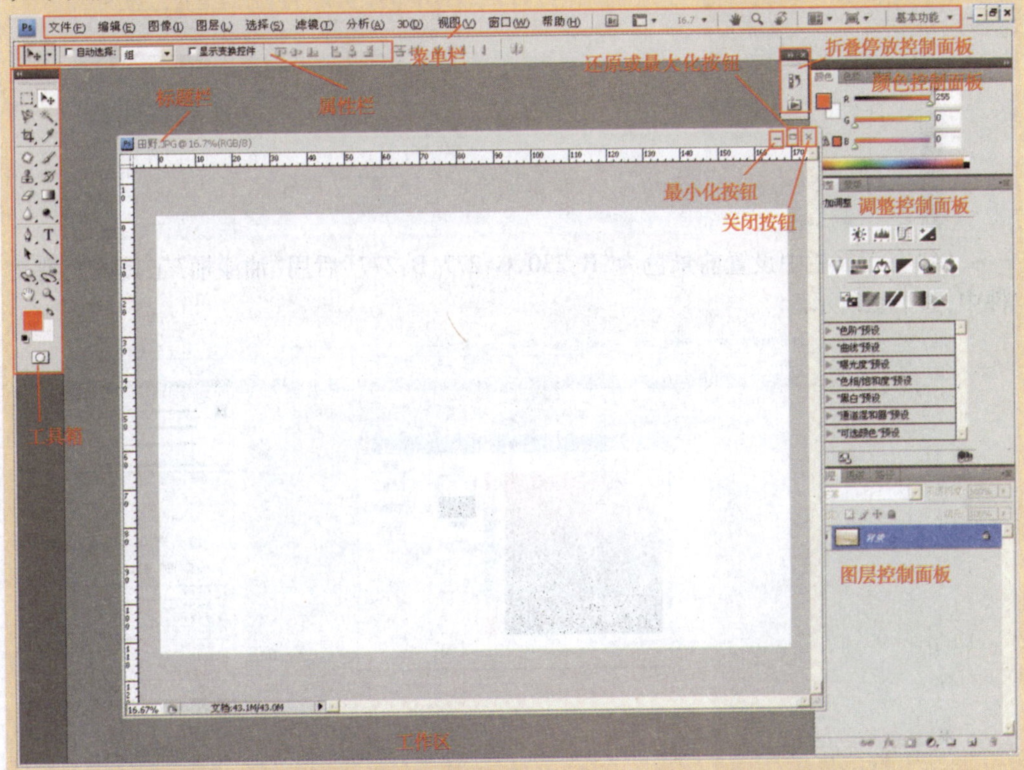

(2)执行“文件/新建”命令，在弹出的对话框中设置相关参数，如下图所示。

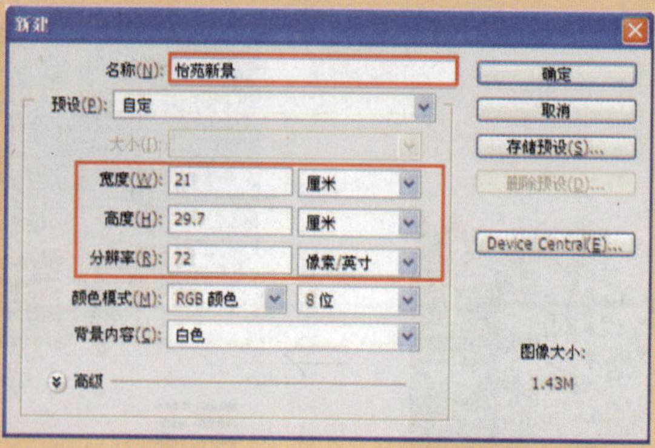

(3)参数设置好后单击“确定”按钮,空白文件新建完毕,如下图所示。

(4)在工具栏中设置前景色为“R:230,G:277,B:277”后用“油漆桶”工具填充到文件中,如下图所示。

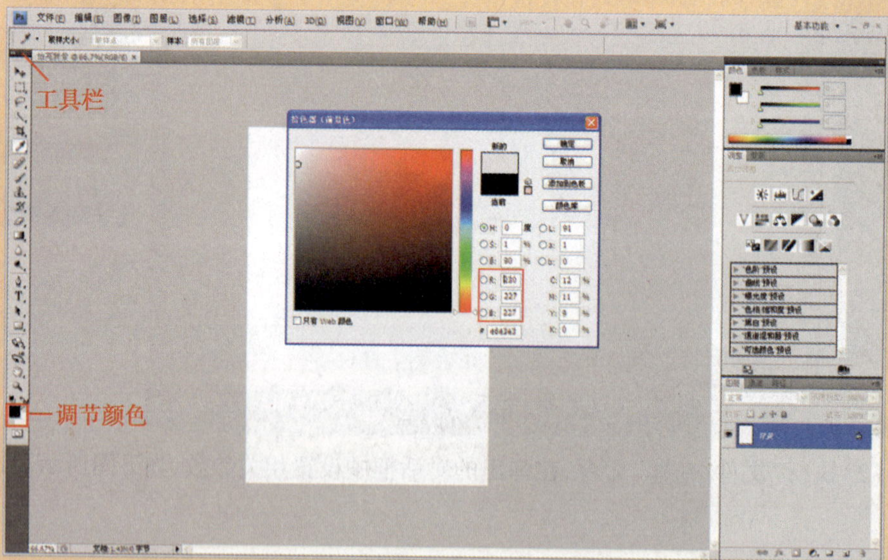

(5)执行"文件/打开"命令,打开"素材\模块一\任务二\底纹.psd"和"楼1.psd",如右图所示。

(6)执行"窗口/排列/使所有内容在窗口中浮动"命令,使所有文件都单独显示在窗口之中,如右图所示。

(7)选择工具栏中的"移动"工具将底纹.psd文件中图层1移动到"怡苑新景"文件中。执行菜单栏"编辑/变换/缩放"命令,调整文件大小,如右图所示。

(8)选择工具栏中的“移动”工具将楼1.psd文件中图层1移动到“怡苑新景”文件中，执行“编辑/变换/缩放”命令，调整文件大小，如右图所示。

(9)在图层控制面板中选择“图层1”，同时按住“Ctrl”键，并单击图层1的图层缩览图得到选区，如下图所示。

(10)执行菜单栏“选择/反向”命令，将选区进行反选，按住“Delete”键将反选部分删除，如下图所示。

(11)在工具栏中选择“文字”工具并输入相关文字，如下图所示。

(12)执行“文件/储存为”命令，在弹出对话框中的“文件名(N)”处输入“任务二”，在“格式(F)”选项中选择“.psd”格式，单击“保存”按钮，如下图所示。

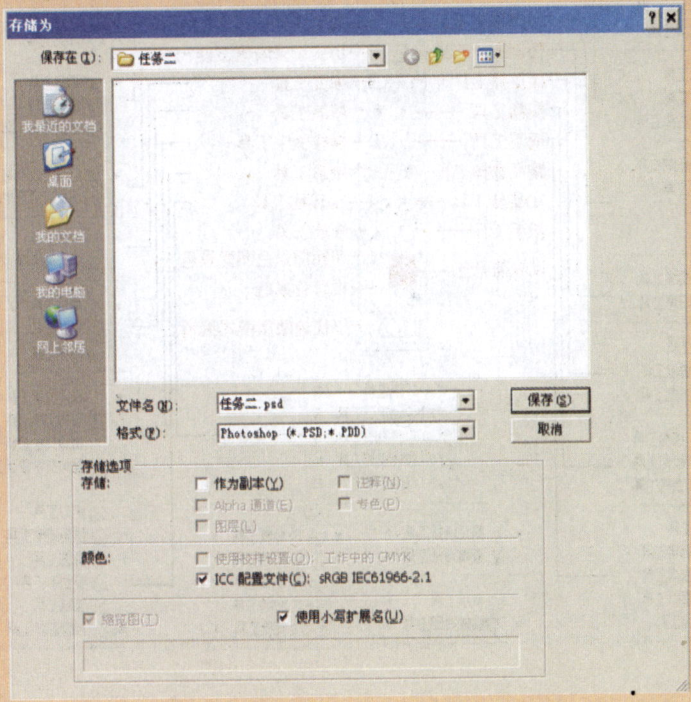

[想一想]

在此实例中，我们使用了哪些基本操作？这些操作是否还有其他操作方法？如果有，请写出来。

友情提示

1. Photoshop CS4 的启动方法

- 执行“开始/程序/Adobe Photoshop CS4”命令。
- 双击桌面上的 Photoshop CS4 快捷图标“ ”。
- 选择桌面上的 Photoshop CS4 快捷图标“ ”，单击鼠标右键，在弹出的菜单中选择“打开”命令。
- 双击任何一个“. psd”格式的文件。
- 选择任何一个“. psd”格式的文件，单击鼠标右键，在弹出的菜单中选择“打开”命令。

2. Photoshop CS4 工具箱详解（见下图）

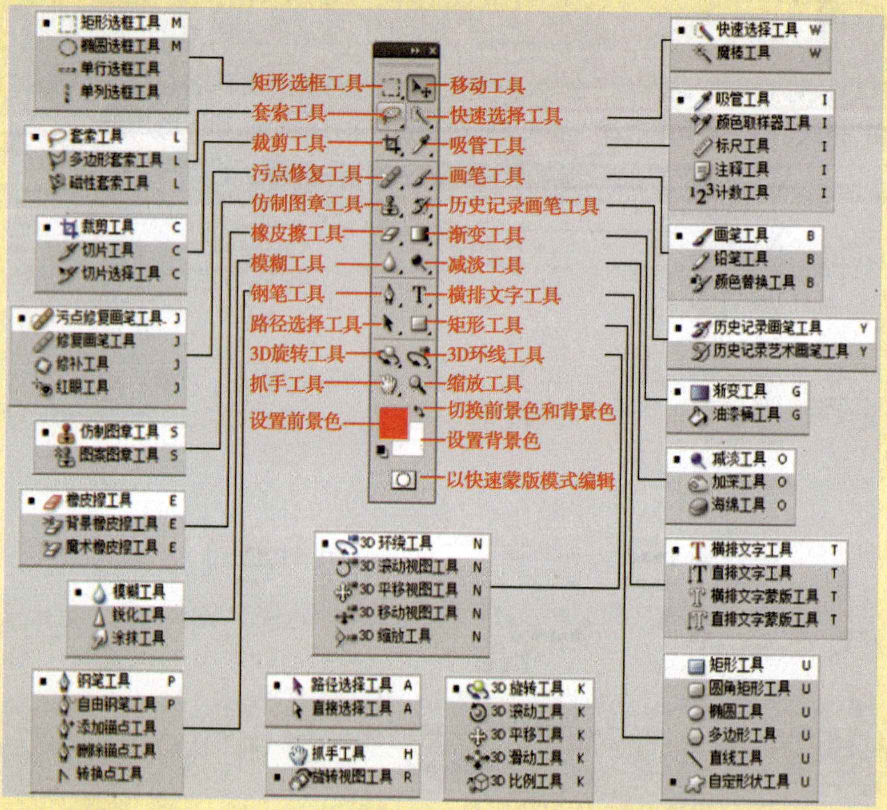

3. 菜单栏

菜单栏包含多种可执行命令，可以完成文件的许多操作。

4. 属性栏选项

属性栏用来设置所选工具相关属性，它会根据所选工具不同而发生改变。

5. 图片选项卡

图片选项卡是 Photoshop CS4 新增的一个功能，可以通过单击选项卡上的标题来切换不同编辑区域，或者按快捷键“Ctrl + Tab”键进行切换。也可单击并拖动某个选项卡，改变该选项卡的位置。

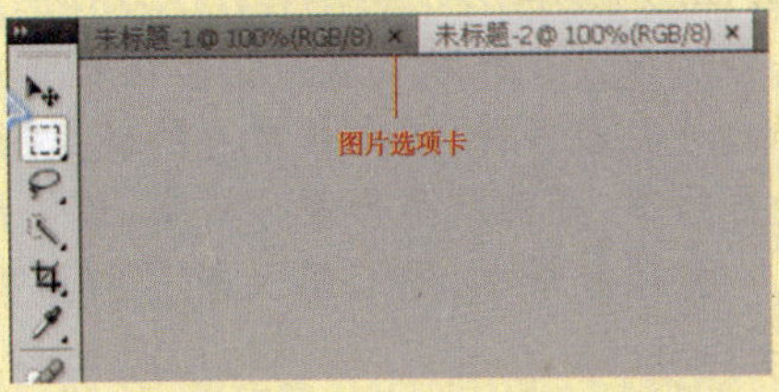

6. 浮动面板

在 Photoshop CS4 窗口右侧有许多浮动面板，这些面板汇集了图像编辑中常用的功能或选项，可以方便地完成图像的各种编辑工作。单击“扩展停放”按钮◀◀可以展开面板，单击“折叠”按钮▶▶会将面板折叠为图标按钮。

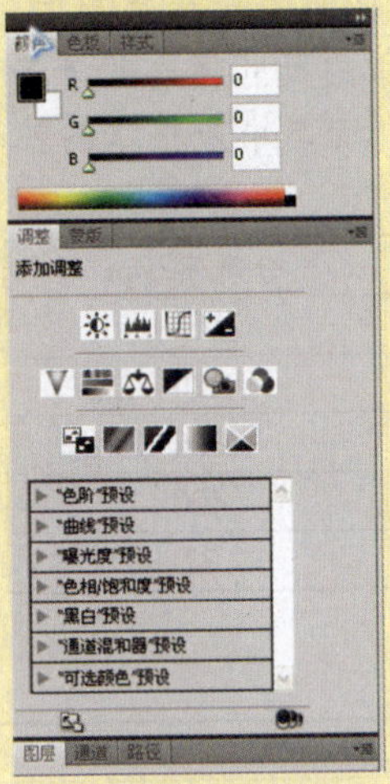

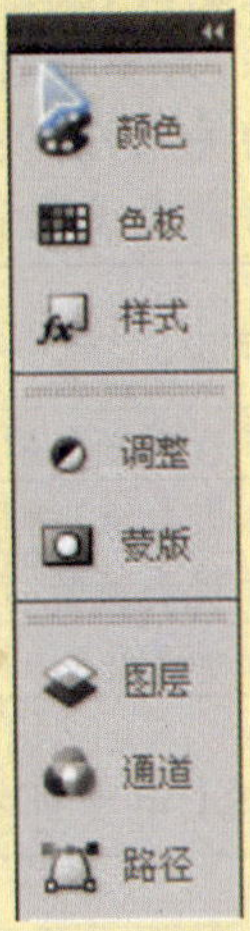

〔做一做〕

利用素材，分别用不同操作方法完成 Photoshop CS4 的启动、文件的新建、文件的保存、文件的打开等基本操作。

〔知识窗〕

1. 像素

我们通常所说的像素就是 CCD/CMOS 上光电感应元件的数量。一个感光元件经过感光、光电信号转换、A/D 转换等步骤以后，在输出的照片上就形成一个点。我们如果把影像放大数倍，会发现这些连续色调其实是由许多色彩相近的小方点所组成。这些小方点就是构成影像的最小单位——像素(Pixel)。

2. 分辨率

所谓"分辨率",就是指单位长度中所表达或撷取的像素数目。和像素一样,分辨率也分为很多种,其中最常见的就是影像分辨率,我们通常说的数码相机输出照片最大分辨率,指的就是影像分辨率,单位是 ppi(pixel per inch)。

打印分辨率,顾名思义就是打印机或者冲印设备的输出分辨率,单位是 dpi(dot per inch)。

显示器分辨率就是 Windows 桌面的大小,常见的设定有 640×480、800×600、1 024×768 等。

3. 分辨率和像素的关系

像素和分辨率是成正比的,像素越大,分辨率也越高。

4. 打印分辨率和像素的关系

打印分辨率关系到我们冲印照片的大小,因此也是比较重要的。打印尺寸与影像分辨率有很大关系,只要影像分辨率改变了,打印的尺寸便会跟着变化,而像素和影像分辨率又有直接的关系,所以三者可以互相转换,而其中最根本的就是像素。

5. 实用图像分辨率设置

用　途	分辨率/ppi
喷绘写真	100
新闻纸印刷(彩色、黑白)	120
胶版纸、铜版纸印刷	300
精美画册、高档书籍	400
屏幕显示	72

6. Photoshop CS4 中文件存储格式

文件格式	特　点
PSD 格式	这是 Photoshop 的固有格式,可以比其他格式更快速地打开和保存图像,能很好地保存层、通道、路径、蒙版以及压缩方案而不会导致数据丢失。但是,很少有应用程序能够支持这种格式
BMP 格式	这种格式是微软开发的 Microsoft Pain 的固有格式,它被大多数软件所支持。BMP 格式采用了一种称为 RLE 的无损压缩方式,对图像质量不会产生影响
PDF 格式	这是由 Adobe Systems 创建的一种文件格式,允许在屏幕上查看电子文档。PDF 文件还可被嵌入到 Web 的 HTML 文档中
JPEG 格式	这是我们最常用的一种图像格式。它是一个最有效、最基本的有损压缩格式,被极大多数的图形处理软件所支持。JPEG 格式的图像还广泛用于网页的制作。如果对图像质量要求不高,又要求存储大量图片,使用 JPEG 无疑是一个好办法。但是,对于要求进行图像输出打印,最好不使用 JPEG 格式,因为它是以损坏图像质量而提高压缩质量的
GIF 格式	这是输出图像到网页最常采用的格式。GIF 采用 LZW 压缩,限定在 256 色以内的色彩。GIF 格式以 87a 和 89a 两种代码表示。GIF87a 严格支持不透明像素;而 GIF89a 可以控制那些区域透明,因此,更大地缩小了 GIF 的尺寸。如果要使用 GIF 格式,必须转换成索引色模式(Indexed Color),使色彩数目转为 256 或更少
TGA 格式	这种格式是计算机上应用最广泛的图像文件格式,它支持 32 位
TIFF 格式	这是 Aldus 在 Mac 初期开发的,目的是使扫描图像标准化。它是跨越 Mac 与 PC 平台最广泛的图像打印格式。TIFF 使用 LZW 无损压缩方式,大大减少了图像尺寸。另外,TIFF 格式最令人激动的功能是可以保存通道,这对于处理图像是非常有好处的

任务三　制作证件照——了解图像窗口的基本操作

■ 任务目标

我们在日常学习工作生活中经常会用到1吋*或大1吋照片，比如毕业证、学生证、驾驶证等证件。本任务所讲述的就是如何利用 Photoshop CS4 制作一吋证件照，进一步展现了 Photoshop CS4 的神奇魅力和强大的实用性。

■ 作品分析

通过一吋照片的制作认识图像大小、裁剪、画布大小、定义图案的运用。

原图

⇒

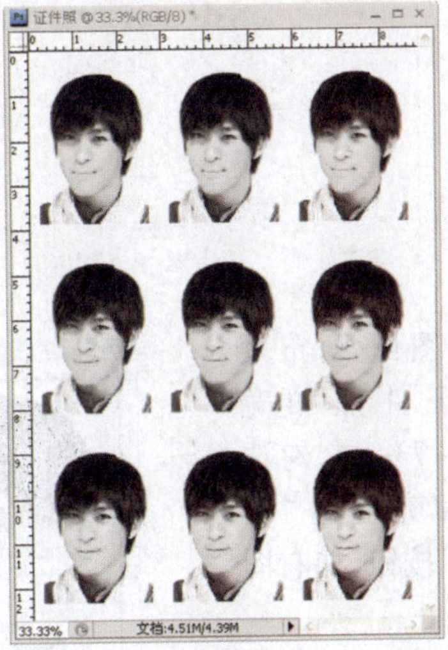

效果图

■ 制作步骤

(1)执行“文件/打开”命令，打开“素材\模块一\任务三\原始照片.jpg”，如右图所示。

(2)在工具箱上选择“裁切”工具，并在属性栏里设置参数，其参数如下图所示。

---

* 1吋(1 in) =2.54 cm

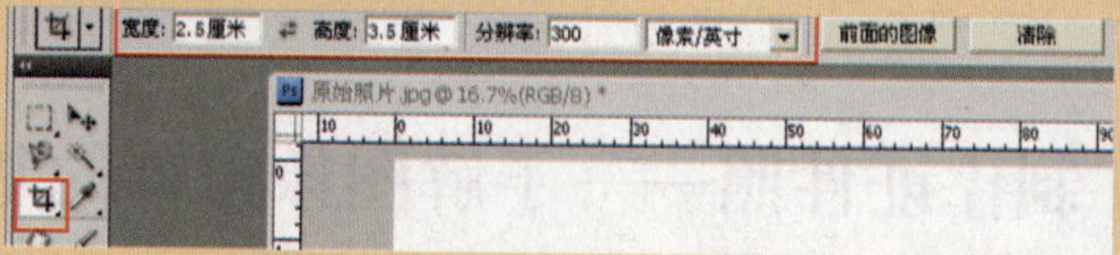

(3)利用“裁切”工具在原始照片上裁切所需要的一吋照片,如右图所示。

(4)按下回车键,完成裁切,得到标准一吋照,如右图所示。

(5)执行“图像/画布大小”命令,为证件照加宽0.46 cm,加高0.73 cm,勾选“相对”选项,填充色选“白色”,单击“确定”按钮,如右图所示。

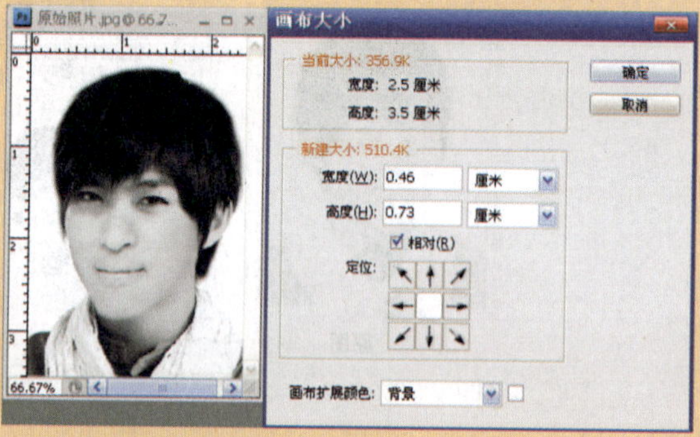

(6)执行“编辑/定义图案”命令,单击“确定”按钮。

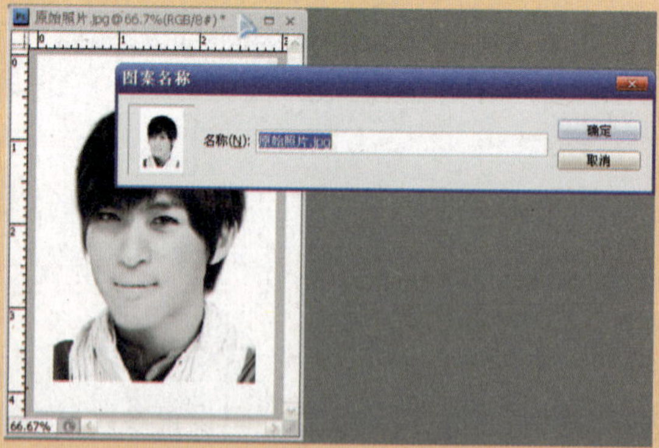

(7)新建一文件，命名为“证件照”，尺寸宽8.89 cm，高12.7 cm，分辨率为300 ppi（五吋照片大小），单击“确定”按钮，如右图所示。

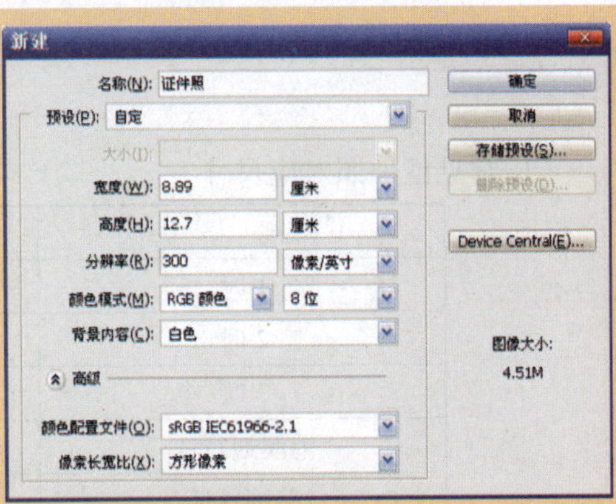

(8)执行“编辑/填充”命令，在“使用”选项中选中步骤(7)定义的图案，单击“确定”按钮后即可生成证件照，如下图所示。

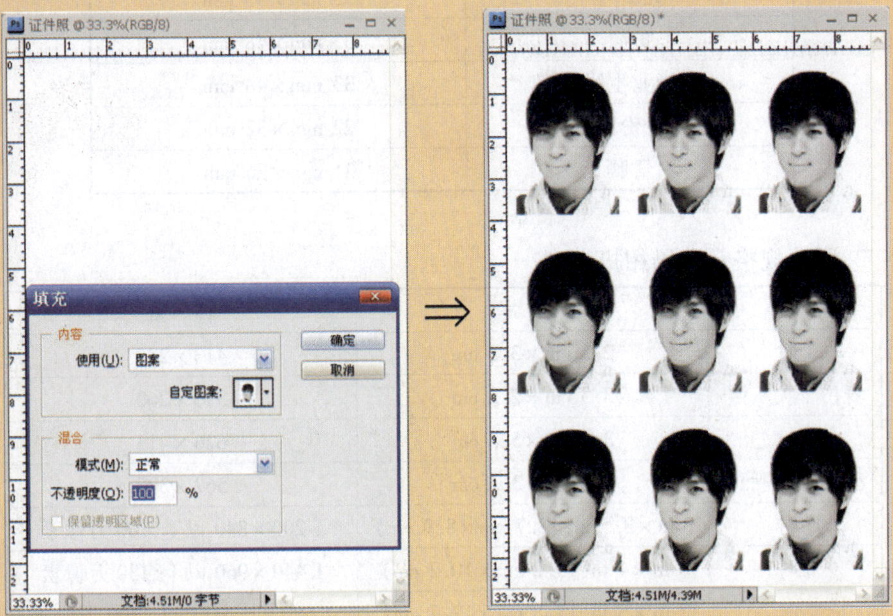

〔想一想〕

根据所学，联系实际，简述 Photoshop CS4 在日常生活中的重要作用。

友情提示

1. 常见证件照对应尺寸

规格	尺寸
1吋	25 mm×35 mm
2吋	35 mm×49 mm
3吋	35 mm×52 mm
港澳通行证	33 mm×48 mm
美国签证	50 mm×50 mm
日本签证	45 mm×45 mm
大2吋	35 mm×45 mm
护照	33 mm×48 mm
毕业生照	33 mm×48 mm
身份证	22 mm×32 mm
驾照	21 mm×26 mm

2. 照片规格及数码相机类型

规格	尺寸	像素
1吋	2.5 cm×3.5 cm	413×295
身份证大头照	3.3 cm×2.2 cm	390×260
2吋	3.5 cm×5.3 cm	626×413
小2吋(护照)	4.8 cm×3.3 cm	567×390
5吋	5 in×3.5 in(12.7 cm×8.9 cm)	1 200×840以上,100万像素
6吋	6 in×4 in(15.2 cm×10.2 cm)	1 440×960以上,130万像素
7吋	7 in×5 in(17.8 cm×12.7 cm)	1 680×1 200以上,200万像素
8吋	8 in×6 in(20.3 cm×15.2 cm)	1 920×1 440以上,300万像素
10吋	10 in×8 in(25.4 cm×20.3 cm)	2 400×1 920以上,400万像素
12吋	12 in×10 in(30.5 cm×20.3 cm)	2 500×2 000以上,500万像素
15吋	15 in×10 in(38.1 cm×25.4 cm)	3 000×2 000以上,600万像素

【做一做】

自己动手,利用数码相机采集素材,为自己或亲人或朋友制作一版证件照。

〔知识窗〕

数码相机中 CCD 和 CMOS 图像传感器的区别

CCD 传感器在灵敏度、分辨率以及噪声控制等方面均优于 CMOS 传感器，而 CMOS 传感器则具有低成本、低耗电以及高整合度的特性。不过，随着 CCD 与 CMOS 传感器技术的进步，两者的差异似乎有逐渐缩小的趋势。例如，CCD 传感器持续在耗电量上作改进，以期应用于移动通信市场；CMOS 传感器则持续改善分辨率与灵敏度的不足，以期应用于更高阶的影像产品市场。

■ 自我测试

1. 填空题

(1)平面设计实现的步骤有__________阶段、__________阶段、__________阶段。

(2)关闭文件的方法有__________、__________。

(3)像素和分辨率是成________比的，像素越大，分辨率________。

2. 选择题

(1)可以通过单击图片选项卡上的标题来切换不同编辑区域，或者按快捷键(　　)进行切换。

A. Ctrl + Tab　　B. Shift + Tab　　C. Ctrl + Shift　　D. Ctrl + Alt

(2)制作精美画册、高档书籍时，分辨率应设置为(　　)ppi。

A. 100　　B. 200　　C. 300　　D. 400

3. 简述题

(1)Photoshop CS4 的启动方法有几种？

(2)简述像素、分辨率的定义并说明两者间的关系。

(3)Photoshop 常用存储格式有哪些？

4. 操作题

在 8 吋的相纸上为自己做一份 2 吋证件照。

模块二
选区的使用和编辑

【模块综述】

Photoshop处理图像时，通常都需要把部分图像选取出来进行操作，而选取的这部分就构成了一个选区。有了选区后，所有的编辑操作只对选区内的部分起作用。由此可以看出，选区的使用和编辑是一项很重要的工作。

本模块将对工具箱的“选框”工具、“套索”工具、“魔棒”工具、“裁切”工具的使用，以及颜色范围和布尔运算进行介绍。

学习完本模块后，你将掌握：

- 掌握图像的选取方法。
- 掌握选区的加减方法。

任务一　制作图片“美丽的白塔”——图像的选取

■ 任务目标

选区用于分离图像的一个或多个部分，Photoshop 会将被选定的部分用浮动的虚线选框来表示。通过选择特定区域，可以对此区域编辑效果并将其应用于此选区，同时保持未选定区域不会被改动。在本任务里，我们将分别用“选框”工具、“套索”工具、“魔棒”工具、颜色范围等选取方式来选取部分图片，并适当调整图片大小，最终组合成一幅美丽的风景画。

■ 创作主题

蓝天白云，鸟语花香，自然与建筑相互融合。

原图

⇒

效果图

■ 操作步骤

(1)执行“文件/打开”命令，打开“素材\模块二\任务一\背景.jpg”文件，如右图所示。

(2)用“选框”工具选择草地图案。

①打开“素材\模块二\任务一\草地.jpg”文件，如右图所示。

②调出图层面板(快捷键“F7”)，双击锁定图标后，将背景图层转化为一般图层，如右图所示。

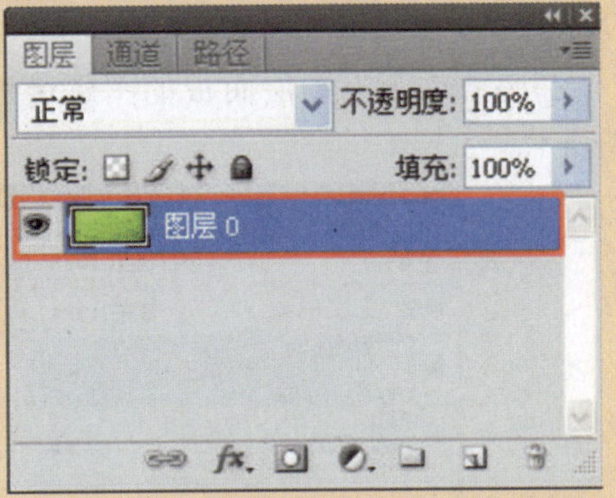

③选择“矩形选框”工具，将羽化值改为“10”(羽化的作用是通过建立选区和选区周围像素之间的转换边界来模糊边缘，以产生渐变晕开的柔和效果)，并选取草地图案，如右图所示。

④选择“移动”工具(快捷键“V”)，将草地图案移动复制到背景图片上的合适位置，如下图所示。

⑤双击右下方图层面板的图层名称“图层 1”，将“图层 1”更名为“草地”，如下图所示。

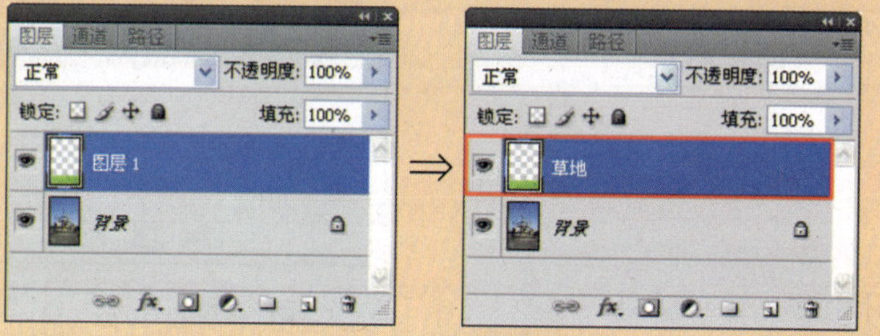

(3)用“套索”工具选择花的图案。

①打开“素材\模块二\任务一\花.jpg”文件，选用“磁性套索”工具(快捷键“L”)，单击花的图案边缘，然后围绕边缘移动一周。当鼠标指针前出现一圆点时，单击鼠标左键，形成闭合选区，图案选取成功，如右图所示。

②将选取的部分复制到背景图片上。如果图案过大而与背景不协调；我们可以使用“编辑\自由变换”命令(快捷键“Ctrl + T”)进行缩放(当光标定位到手柄上时，指针变为双箭头，拖移手柄即可；若拖移四角上的手柄时按住“Shift”键，可按比例缩放)，如下图所示。

(4)用“魔棒”工具选择天空图案,并把天空图案换成蓝天白云图案。

①选择背景层。用“魔棒”工具(快捷键“W”)选择天空图案,如果单击选择不完,可以按住“Shift”键来增加选区,如右图所示。

②打开“素材\模块二\任务一\蓝天白云.jpg”文件,使用“编辑/全选”命令(快捷键“Ctrl + A”)选择全图并复制,如右图所示。

③选择背景图片,使用“编辑/粘贴入”命令(组合键“Ctrl + Shift + V”),将天空图案换成蓝天白云图案,如右图所示。

④将背景缩放到合适大小，并移动到适当位置，把图层更名为“天空”。

(5)用“快速选择”工具选择蝴蝶图案。

①打开“素材\模块二\任务一\蝴蝶.jpg”文件，用“快速选择”工具(快捷键“W”)，单击蝴蝶图案的一角并拖拉直至全部选中，如右图所示。

②将选中的部分复制到背景文件上并缩放至合适的大小，再把图层更名为“蝴蝶”，如右图所示。

(6)用“颜色范围”方式选择花海图案。

①打开“素材\模块二\任务一\花海.jpg”文件，将背景图层转化为一般图层，如右图所示。

②执行“选择/色彩范围” 命令，打开其对话框，选用“吸管”工具单击图像中的花海花朵，预视图区域与图像花朵选区一致，相互之间会同步变化。如果选取范围过小或过大，可以调整“颜色容差”数值以增加或减少选区范围值，也可使用“吸管”工具添加选区或减少选区，按下“Ctrl”键可在选择范围和图像视图间切换，如下图所示。

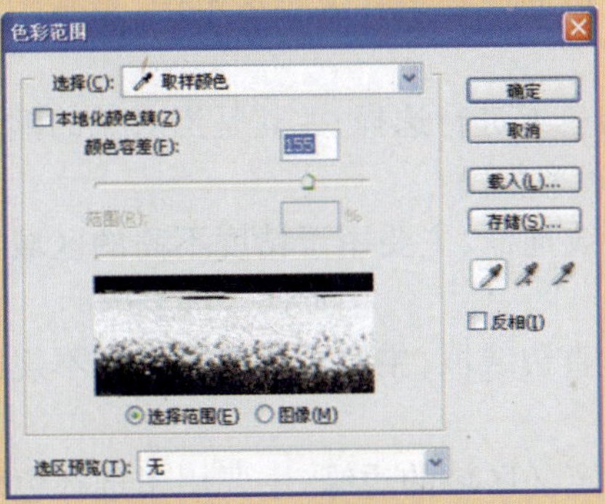

③单击“确定”按钮，将选择的区域复制到背景图片，并调整到合适的大小及位置。再把图层更名为“花海”并移至“草地”图层之上，制作完成，如右图所示。

〔想一想〕

在上面的任务中，我们运用了几种选取工具？这些工具分别适合在什么情况下使用？

友情提示

选区的几种选取方式

- “选框”工具：建立选区范围最常用、最基本的方法。“选框”工具包括“矩形选框”工具、“椭圆选框”工具和“单像素的选框”工具单行和单列。选择“矩形选框”工具或“椭圆选框”工具时，光标移至要选取范围的左上角位置，变成十字形状后按下鼠标不放并向右下角拖拉，松开鼠标后，浮动线内区域即为选区部分。在画矩形和椭圆时按住“Shift”键，可直接建立正方形和正圆形选区。按住“Alt”键可由中心向外拖拉形成选区。选择“单行选框”或“单列选框”工具时，在图像内单击鼠标，会出现一个水平或垂直的单条浮动线。

- “快速选择”工具：能够根据相似或近似的原理集合成选区范围，是基于画笔的模式“画”出选区。
- “魔棒”工具：能够根据相同或相似的色素进行选择，尤其是当对象的颜色和背景色差异很大时，“魔棒”选择的准确率很高。
- “套索”工具：可以绘制直边和自由曲线选框，主要用于精度不高的区域选择上。
- “多边形套索”工具：可以绘制选框的直边线段，主要用于选择一些不规则形状的范围。
- “磁性套索”工具：边框会贴紧图像中定义区域的边缘，主要用于选择色彩边界明显的图片。“颜色范围”命令：用于在整幅图中选择近似的颜色区域，这些近似的色彩可以是连续的或不连续的。如果想对图像作基于颜色的选择，就可以使用“颜色范围”命令。

〔知识窗〕

变　换

Photoshop 中的“变换”命令包括“缩放”、“旋转”、“斜切”、“扭曲”、“透视”和“变形”等命令。选择需要变换的图层或部分，执行“编辑/自由变换”命令，图片周围出现 8 个方框，即手柄。

- 缩放：当光标定位到手柄上时，指针变为双箭头，拖动手柄即可。按住“Shift”键可按比例缩放。
- 旋转：当光标移动到定界框的外部时，指针变为，拖动手柄即可。按住“Shift”键可按 15°增量旋转。
- 扭曲：缩放时按住“Ctrl”键拖动手柄。
- 斜切：按住“Ctrl + Shift”快捷键拖动边手柄。
- 透视：按住“Ctrl + Shift + Alt”组合键拖动角手柄。

任务二　制作“囍”字——选区的加减

■ 任务目标

当我们选择了各种选区工具后，在选项栏中可指定建立新选区、添加选区、减去选区、交叉选区等几种方式。在本任务里，我们将学会对两个或两个以上的选区通过添加选区、减去选区和交叉选区等方式来进行选区的组合，形成我们需要的图形。

■ 作品分析

利用选区属性栏的相加、相减、相交作图形。

原图

⇒

效果图

■ 操作步骤

（1）执行“文件/新建”命令，具体设置如下图所示。

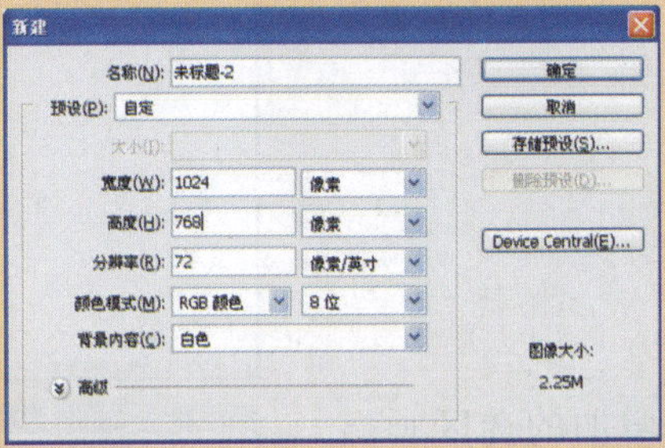

（2）新建层，并把网格线调用出来。

①单击图层面板右下角“创建新图层”按钮，新建层并将其命名为“喜”，如右图所示。

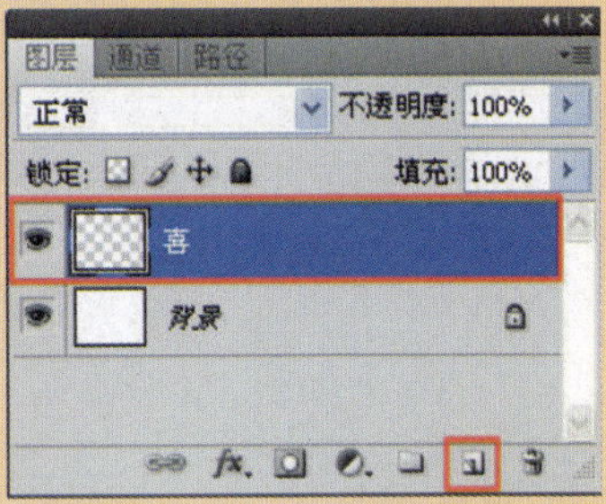

②执行“视图/显示/网格”命令，调出网格线来帮助定位，如右图所示。

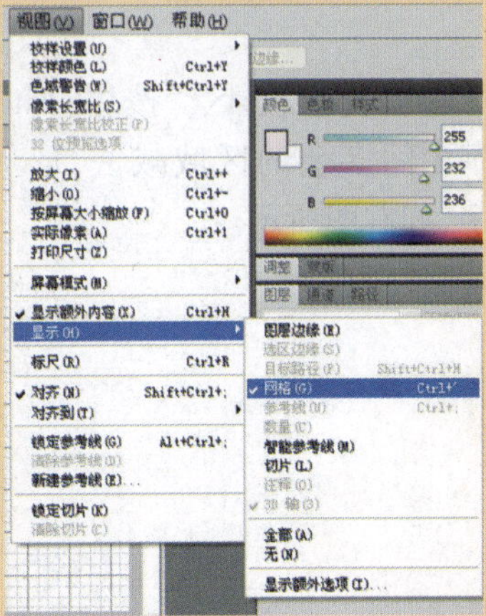

(3)建立新选区。选框工具选项栏如下图所示。

用“矩形选框”工具画出一矩形框，以作为“囍”字的一竖，如右图所示。

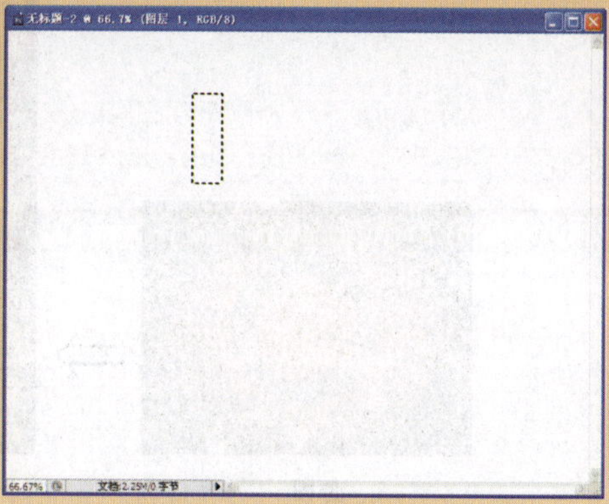

(4)添加选区。

①按住“Shift”键，再增加一个矩形选框，如右图所示。

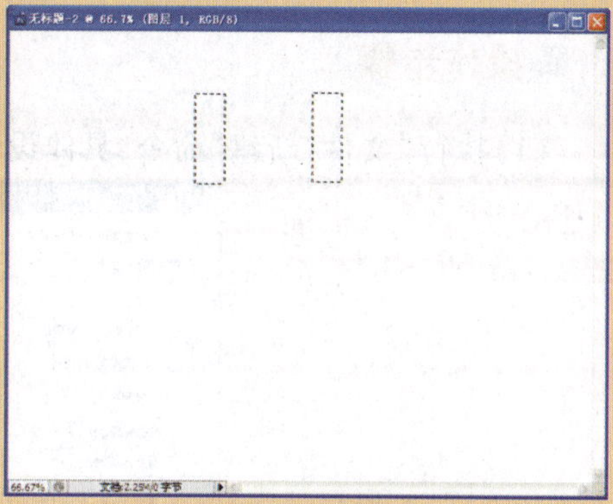

②以此类推，将需要增加的选区画出来，如右图所示。

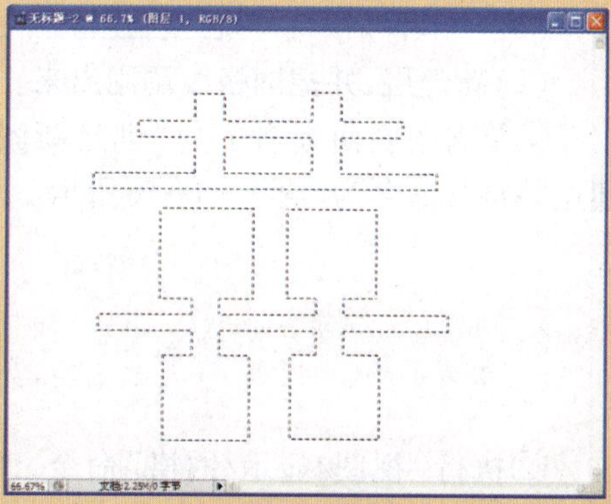

(5)减去选区。按住“Alt”键，把“囍”字中间多余的区域减去，形成完整“囍”字，如右图所示。

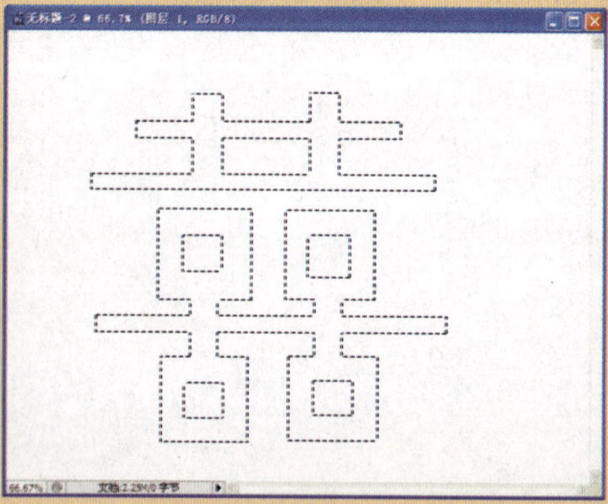

(6)交叉选区。按住“Alt + Shift”快捷键的同时，在“囍”字外画一个圆，与“囍”字边缘交叉，形成圆角，如右图所示。

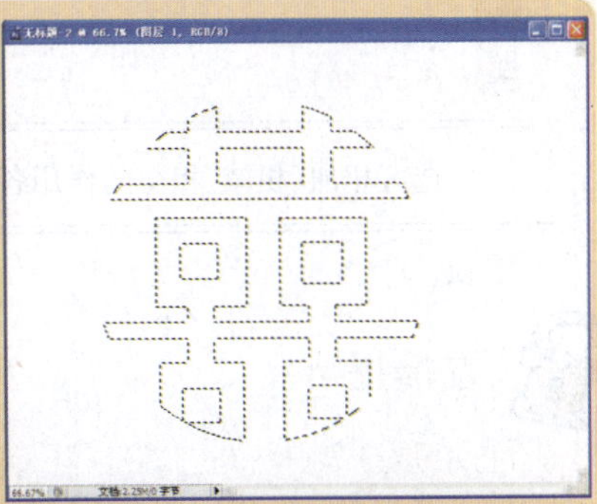

(7)给“囍”字上色。

①选择色板面板，如右图所示。

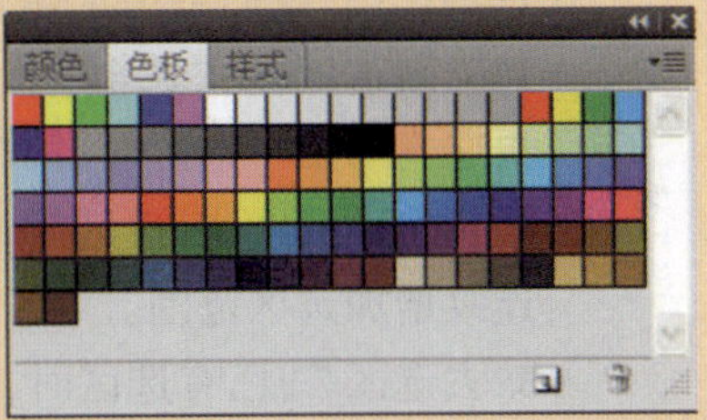

②使用“吸管”工具，选择浅黄橙色，执行“编辑/填充”命令，把“囍”字填充成浅黄橙色，取消网格可见，如右图所示。

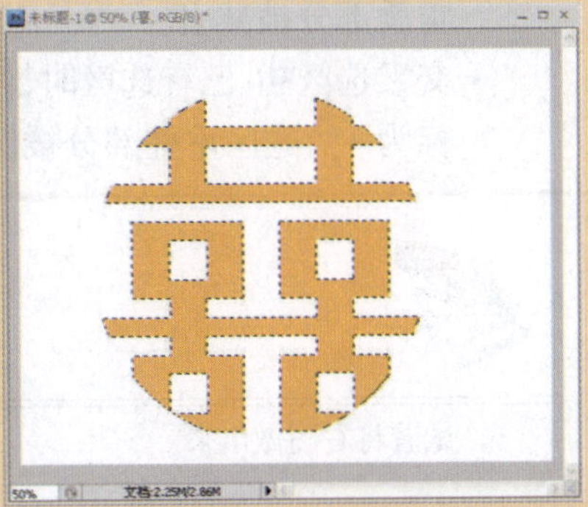

(8)完成喜庆图案。

①执行“文件/打开”命令，打开“素材\模块二\任务二\喜.jpg”文件，如右图所示。

②将“喜”层复制到“喜”图案的中间，调整成合适大小。至此，制作完成，如右图所示。

〔想一想〕

选区相加、相减、相交的作用各是什么？

友情提示

在选项栏中，我们可指定建立新选区、添加选区、减去选区、交叉选区。

- 建立新选区：“选框”工具的默认工作状态，可在图像上建立一个新选区，当再建立第二个选区时，第一个选区自动消失。
- 添加选区：已有选区时，使用该图标或按下“Shift”键不放，光标变为 $+_{+}$，可连续增加选区范围。
- 减去选区：已有选区时，使用该图标或按下“Alt”键不放，光标变为 $+_{-}$，选区重叠部分被减去。
- 交叉选区：已有选区时，使用该图标或同时按下组合键“Alt + Shift”不放，光标为 $+_{\times}$，选区重叠部分被保留。

〔做一做〕

试着将右图做出来。

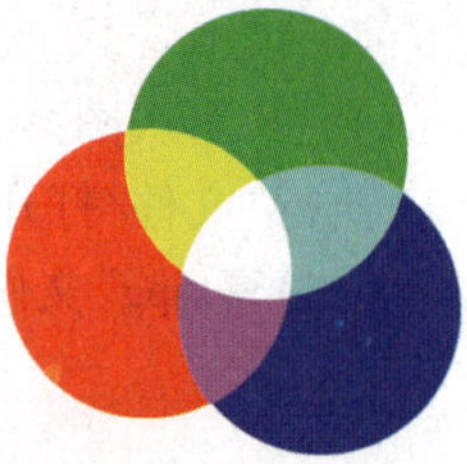

自我测试

1. 选择题

(1) 下列可以用于选择的工具有（　　）。

A. “套索”工具　　B. “选框”工具

C. “快速选择”工具　　D. “画笔”工具

(2) 下列关于“矩形选框”工具说法正确的有（　　）。

A. 按住“Shift”键可拖出正方形

B. 按住“Alt”键可拖出正方形

C. 按住“Shift”键可从中心拖出矩形选区

D. 按住“Alt”键可从中心拖出矩形选区

(3) 下列关于羽化的说法正确的有（　　）。

A. 羽化就是使选区的边界变得不规则

B. 羽化就是使选区的边界变得清晰

C. 羽化就是使选区的边界变得平滑

D. 羽化后，选区中的内容如果粘贴到别的图像中，其边缘会变得模糊

(4)添加选区时，应该按住(　　)键。

A. Shift　　B. Alt　　C. Ctrl　　D. Shift + Ctrl

(5)交叉选区时，应该按住(　　)键。

A. Alt + Shift　　B. Shift + Ctrl　　C. Alt + Ctrl　　D. Shift + Ctrl + Alt

(6)使用"裁剪"工具时，(　　)。

A. 未框中的部分是需要保留的部分　　B. 框中的部分是需要保留的部分

C. 可以选择椭圆形的裁剪框　　D. 裁剪框不可以旋转

2. 操作题

打开"自测题素材\模块二\1. jpg、2. jpg、3. jpg" 文件，做出以下效果。

1.jpg

2.jpg

3.jpg

⇒

效果图

模块三
图像的绘制和修饰

【模块综述】

Photoshop CS4提供了丰富的图像绘制和修饰功能，我们可以轻松地制作出图形图像元素，并能对画面施以修饰和修复控制，使画面更加灵活，从而绘制出笔触清晰的艺术作品。

学习完本模块后，你将能够：

- 掌握画笔类工具、画笔调板的运用。
- 会使用“油漆桶”工具、“填充”工具和“渐变”工具。
- 掌握“修补”工具、“修复画笔”工具和“仿制图章”工具的运用。

任务一　制作图片“心云”——“画笔”工具的运用

■ 任务目标

本任务通过心形云彩的制作详细讲解画笔类工具、画笔面板的使用方法。

■ 作品分析

本任务我们将通过“画笔”工具制作心形云彩。

原图

⇒

效果图

■ 操作步骤

(1)执行“文件/打开”命令，打开“素材\模块三\任务一\风景.psd”文件，如右图所示。

(2)在工具栏中选择“画笔工具”，再按“F5”键打开画笔调板，选择“画笔笔尖形状”选项，设置相关参数，设置前景色为白色，如右图所示。

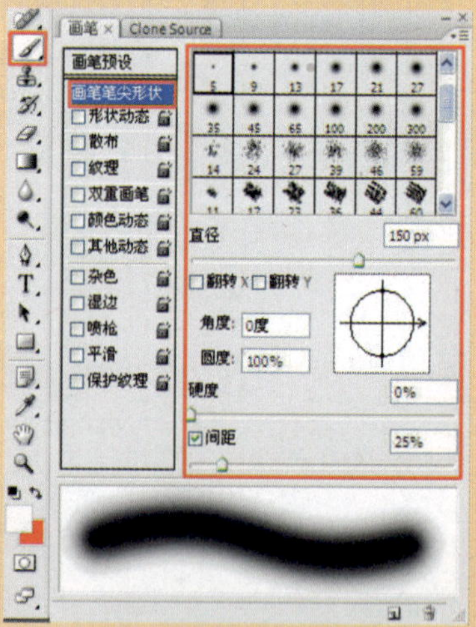

(3)在画笔调板中选择“形状动态”选项，设置相关参数，如右图所示。

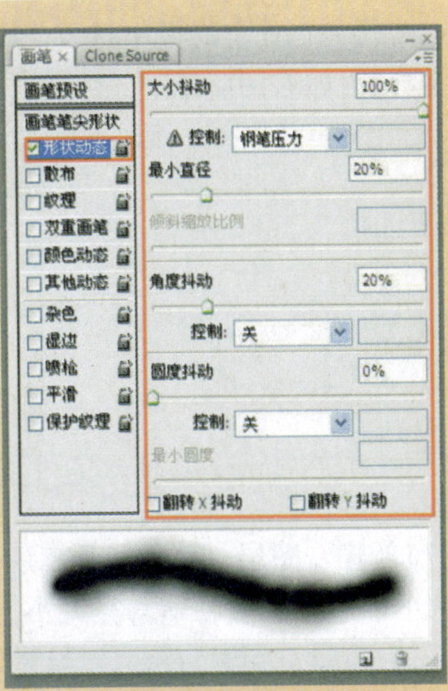

(4)在画笔调板中选择“散布”选项，设置相关参数，如右图所示。

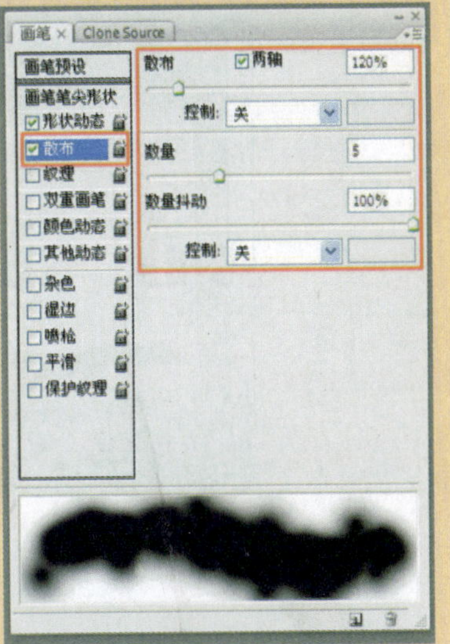

(5)在画笔调板中选择“纹理”选项，设置相关参数，如右图所示。

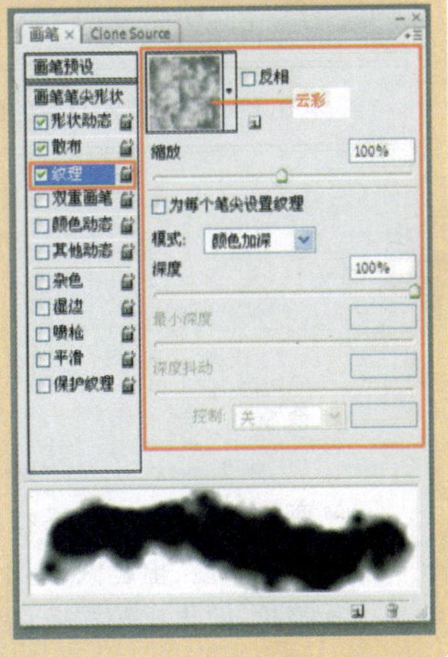

(6)在画笔调板中选择“其他动态”选项，设置相关参数，如右图所示。

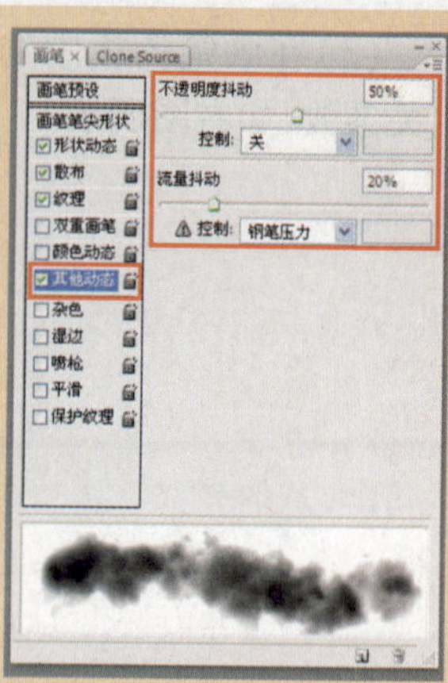

(7)新建一图层，用“画笔”工具在天空图案中绘制一心形图案，可在“画笔笔尖形状”选项中适当调节画笔直径大小，如下图所示。

〔做一做〕

利用 Photoshop CS4 自带的画笔工具制作一幅风景画。

友情提示

画笔控制面板

1. 参数

- 画笔：设置画笔的形状、大小(可以载入、复位、保存、替换画笔)。
- 不透明度：值越大，越不透明。
- 喷枪：效果比较扩散，喷绘颜色停留的时间越长，边缘模糊的程度越厉害。

- 流量：设置颜色随工具移动应用的速度，也就是设置所绘制线条颜色的流畅程度，它也可以产生一定的透明效果。值越大，颜色越深。

注意：按住 Shift 键不放，可绘制出水平或垂直方向的直线。

2. 画笔预设

可选择相应的画笔，也可通过修改直径值来调整当前画笔的大小。

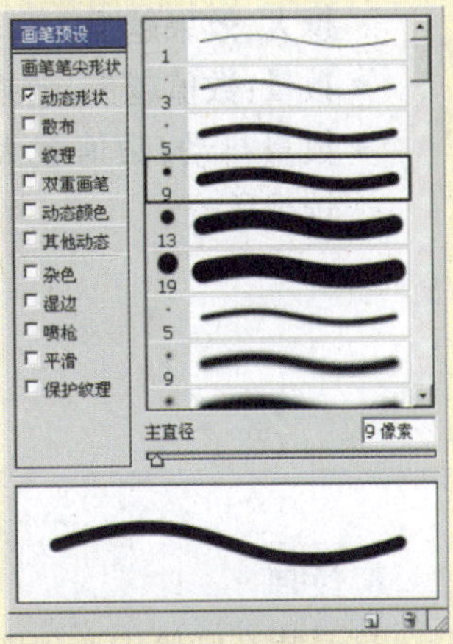

3. 画笔笔尖形状

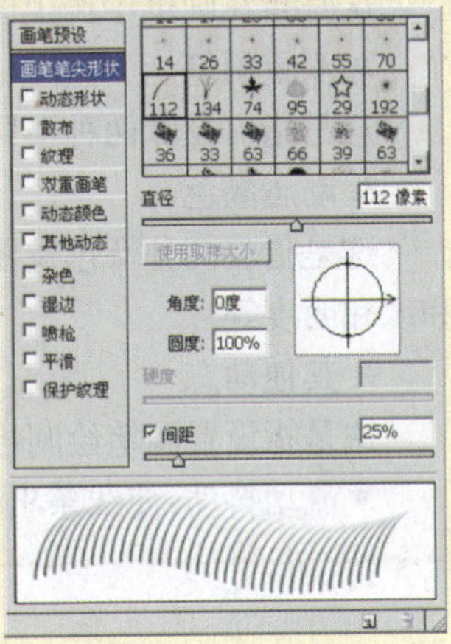

4. 动态形状

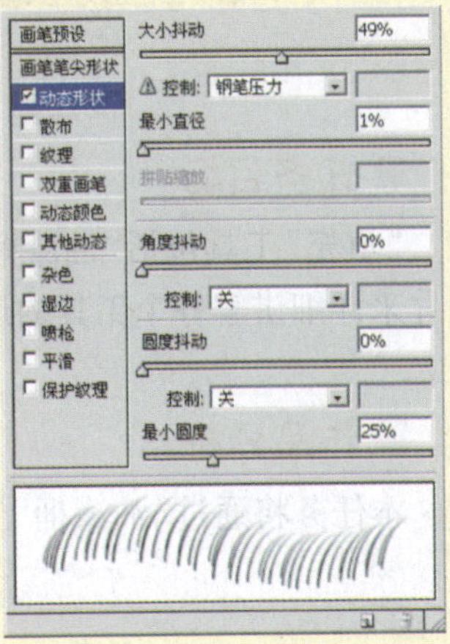

- 大小抖动：可控制画笔之间的动态混合效果。
- “控制”选项包括：
  - 关：画笔不产生变化。
  - 渐隐：画笔产生逐渐变小甚至消失的变化。“步”值是决定绘图渐隐的长度。
  - 钢笔压力：只有在使用外接画板等设备进行输入时才有用（出现“！”表示不可用）。
  - 笔倾斜和光笔轮：决定拖曳时产生凌乱效果（出现“！”号表示不可用）。
- 最小直径：画笔最终缩小至原画笔的百分之几。
- 拼贴缩放：可调整画笔动态倾斜的角度（只有选择了“笔倾斜”才可用）。

- 角度抖动:可调整画笔角度和方向上的混合程度。

5. 散布

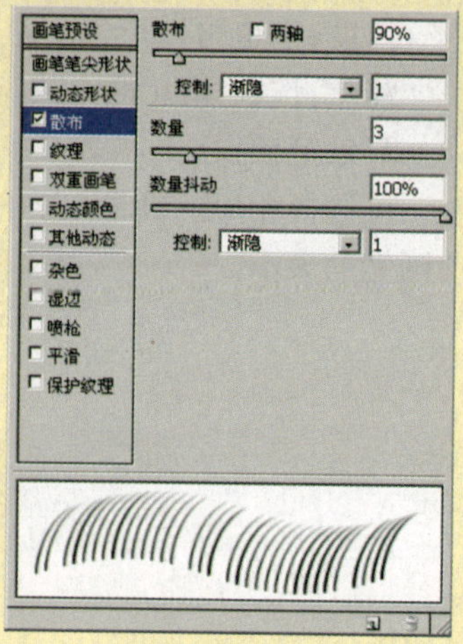

- 散布:使绘制出来的线条产生散射效果,数值越大,效果越强。
- 数量:数值越大,效果扩张面积越大。
- 数量抖动:数值越大,散射效果越密,反之则较越稀疏。

6. 纹理

这是指在画笔中产生图案纹理效果。

7. 双重画笔

这是指可设置两种不同纹理的画笔相交产生的画笔效果。

8. 动态颜色

这是指将两种颜色及图案进行不同程度的混合,并可调整其混合颜色的色调、饱和度和明度等。

9. 其他动态

这是指设置画笔绘制出颜色的不透明度,使颜色之间产生不同的流动效果。

- 流动抖动:使线条出现类似于液体流动的效果,数值越大,效果越明显。

任务二　制作图片"手机"——图像的填充

■ 任务目标

"填充"工具包括"油漆桶"工具、"填充"工具和"渐变"工具。本任务通过制作手机图片来详细讲解各个工具的运用方法。

■ 作品分析

本任务将通过"油漆桶"工具和"渐变"工具对选区进行填充。

原图

效果图

■ 操作步骤

（1）执行“文件/打开”命令，打开“素材\模块三\任务二\手机.psd”文件，如右图所示。

（2）使用“套索”工具选择手机底部，如右图所示。

（3）选择“渐变”工具，执行“直线渐变”命令以调节色标颜色，再填充选择区域，如下图所示。

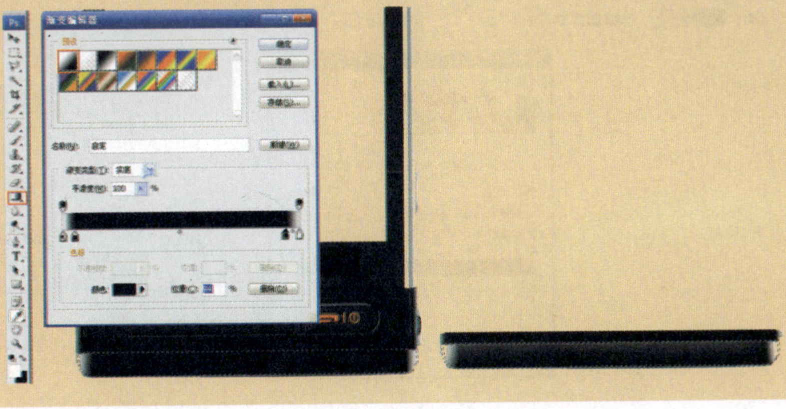

(4)选择“减淡”工具，在选择区域上方进行涂抹，如下图所示。

(5)新建图层，选择“矩形选区”工具在手机图案上框选后用“油漆桶”工具填充白色，如右图所示。

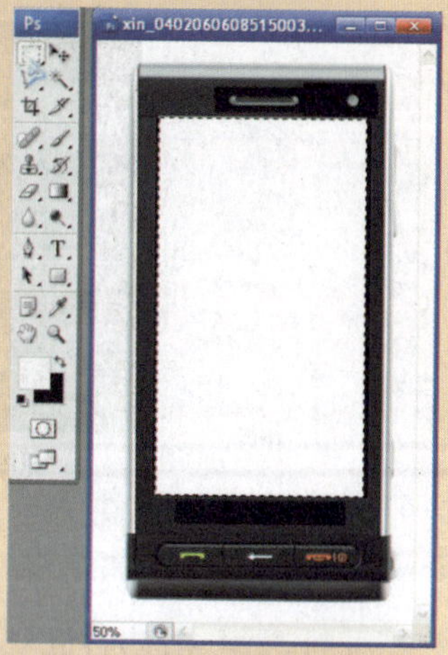

(6)选择“矩形选区”工具在背景层框选矩形区域，如右图所示。

(7)选择“渐变”工具，执行“直线渐变”命令调节色标颜色，如下图所示。

(8)使用“渐变”工具填充选择区域,如右图所示。

(9)执行“文件/打开”命令,打开“素材\模块三\任务二\界面.jpg”文件,并将文件“界面.jpg”移动到“手机.psd”文件中,调整其大小、位置,如右图所示。

(10)选择“矩形选区”工具在背景层框选矩形区域,打开“渐变”工具调节色标颜色和不透明度,如下图所示。

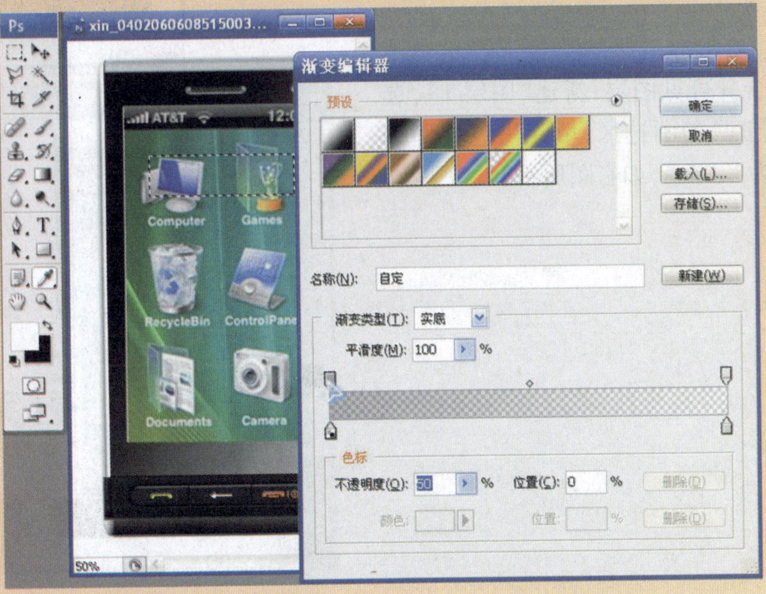

(11)使用“渐变”工具填充矩形选区，如右图所示。

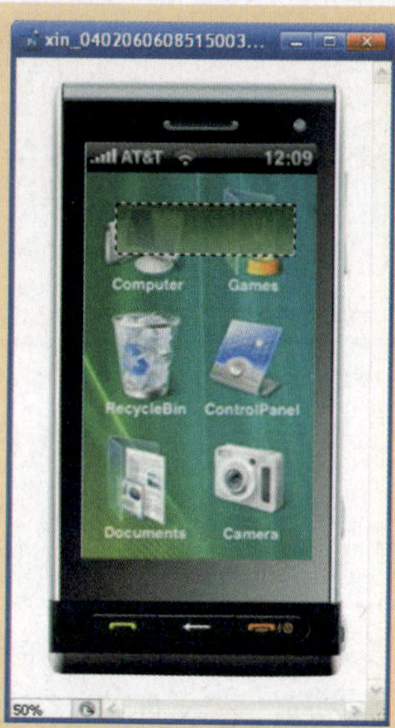

(12)选择“文字”工具在文件中输入文字，如右图所示。

(13)合并可见图层，新建“图层 1”，选择“套索”工具勾画选区，填充黑色并调节不透明度为“28%”，如右图所示。

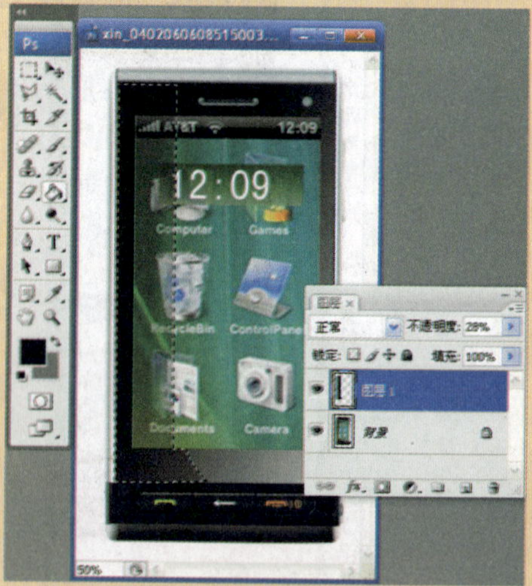

[想一想]

(1)“油漆桶”工具和“渐变”工具的区别和联系是什么?

(2)选区和填充工具的联系是什么?

友情提示

填充工具的运用

填充是以指定的颜色或图案对所选区域进行的处理,常用的方法有 3 种:使用“油漆桶”工具、使用“填充”命令和使用“渐变”工具。

1. 常用快捷键

- 按快捷键“Ctrl + Del”,用背景色进行填充。
- 按快捷键“Alt + Del”,用前景色进行填充。

2. “油漆桶”工具

“油漆桶”(即颜料桶)工具用于填充前景色或指定图案。使用“油漆桶”工具选项面板,可以进一步设置填充合成方式、不透明程度、颜色穿容差程度和填充内容,如下图所示。

3. “填充”命令

(1)定制图案。

定制图案本身在屏幕上不产生任何效果,它的作用是将定制的图案放在系统内存中,以供填充操作。具体方法是:先在工具栏中选择“选区”工具,并将工具选项面板中的“羽化”值设置为“0”;然后在图像中选择将要作为图案的图像区域;再执行“编辑/定义图案”命令,完成定制图案操作。

(2)使用“填充”命令。

具体方法是:先执行“编辑/填充”命令,打开“填充”对话框,如右图所示;然后在“填充内容”下拉列表中选择一种填充方式,再单击“确定”按钮。

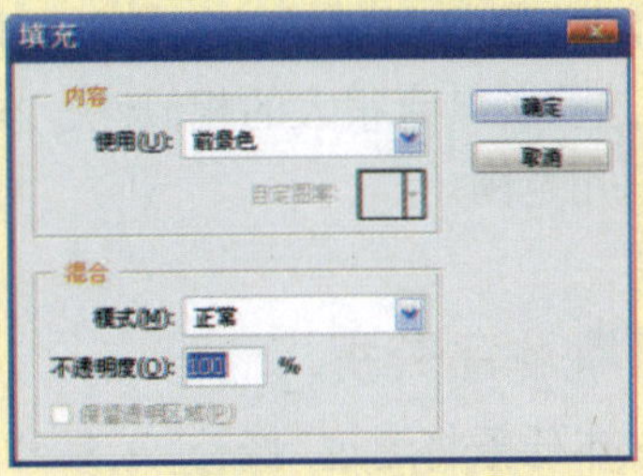

注意：

- 执行“编辑/定义图案”命令，可将所选图形定制为图案。
- 执行“选择/取消选择”命令，可以取消以上选择区域。
- 执行“编辑”/“填充”命令，打开“填充”对话框，在“使用”列表中选择“图案”，在“不透明度”框中输入“100%”，在“模式”列表中选择“正常”，最后单击“确定”按钮，即可得到如右图所示的效果。

4.“渐变”工具

使用工具栏中的“渐变”工具，渐变方式既可以选择系统设定值，也可以自定义。渐变方向有线性渐变、径向渐变、角度渐变、对称渐变和菱形渐变几种。如果不选择区域，将对整个图像进行渐变填充。

任务三　修复老照片——图像的修复

■ 任务目标

“修复”工具组包括“修复画笔”工具、“修补”工具和“红眼”工具、“仿制图章”工具等，这些工具有很大的相似性。本任务通过修复一张老照片来详细讲解各种工具的特点及适用范围。

■ 作品分析

本任务将通过“修补”工具和“修复画笔”工具、“仿制图章”工具的相关功能来对照片进行修复。

原图

效果图

■ 操作步骤

（1）执行“文件/打开”命令，打开“素材\模块三\任务三\旧照片.jpg”文件，如右图所示。

（2）把“背景”图层拖到面板下方的创建新图层按钮处，复制出“背景副本”，如右图所示。

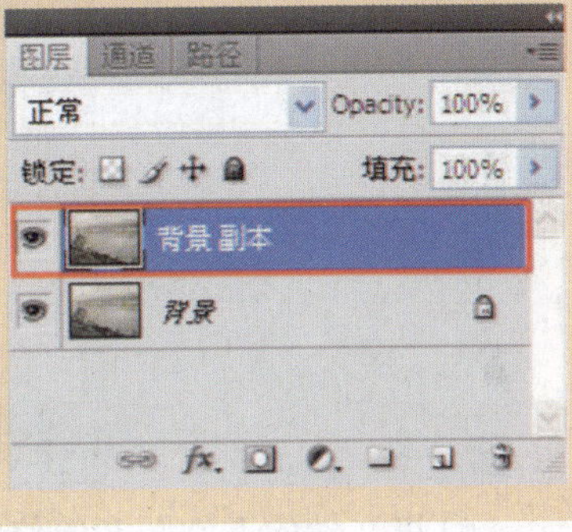

友情提示

在复制出来的照片上进行编辑操作，可以避免因操作失误而无法退回原始状态的问题。

(3)修复照片。

- 选择工具箱中的“修补”工具，在要修补的位置描绘出选区，按住鼠标左键，拖动这个选区到相似色之中释放鼠标，完成选区修补按快捷键“Ctrl + D”取消选区，如右图所示。对于破损面积比较大的区域，可以直接使用“修补”工具选择，然后拖动到相近颜色区域以完成初步修复。
- 选择工具箱中的“修复画笔”工具，按住“Alt”键选择用来修复图像的源点，再选择相应大小的画笔，在要修补的位置按住鼠标左键进行涂抹，完成选区修补后按快捷键“Ctrl + D”取消选区，如下图所示。

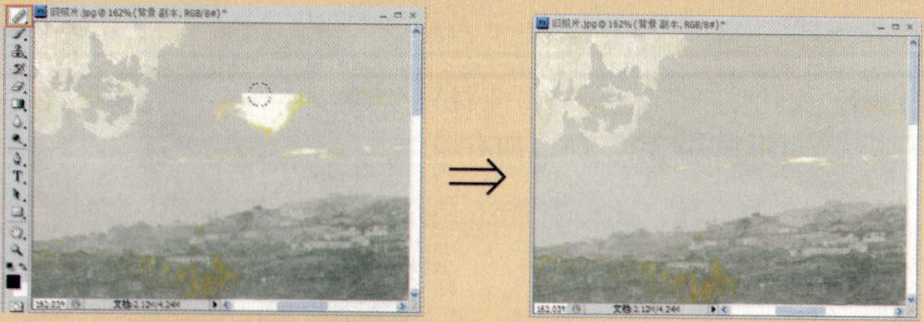

- 选择工具箱中的“仿制图章”工具，按住“Alt”键选择用来修复图像的源点，再选择相应大小的画笔，在要修补的位置按住鼠标左键进行涂抹，完成选区修补后按快捷键“Ctrl + D”取消选区，如下图所示。

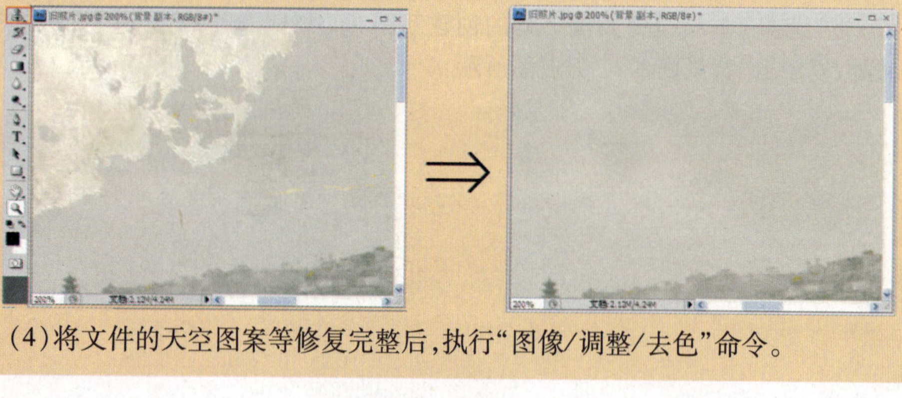

(4)将文件的天空图案等修复完整后，执行“图像/调整/去色”命令。

【想一想】

通过以上学习过的修复知识，思考一下“修补”工具和“修复画笔”工具、“仿制图章”工具的使用区别。

友情提示

- “仿制图章”工具：可以准确地复制图像的一部分或者全部，它是修补图像的有力武器。如原有图像或像片有折痕时，可用此工具选择折痕附近颜色相近的像素点来进行修复。
- “图案图章”工具：可以将各种图案填充到图像中。
- “修复画笔”工具：可以用于修复图像中的缺陷，并能使修复的部分尽量自然地融入到周围的图像中。与“仿制图章”工具类似，“修复画笔”工具也是从图像中取样并复制到其他位置，或直接用图案进行填充。但不同的是，“修复画笔”工具在复制或填充图案时，会将取样点的像素信息自然融入到复制的图像位置，并保持其纹理、亮度和层次，使被修复的像素与周围图像完美融合。
- “修补”工具：可以从图像的其他区域取样或使用图案来修补当前选中的区域。它与“修复画笔”工具的相似之处，是在修复的同时能保留图像原来的纹理、亮度以及层次等信息。
- “颜色替换”工具：可以简化图像中特定颜色的替换，可以用校正颜色在目标颜色上绘画，如修改人物眼睛、嘴唇的颜色或改变花卉、器具的颜色等。“颜色替换”工具不能用于位图、索引或多通道颜色模式的图像中。
- “模糊\锐化”工具：可以分别使图像的一部分边缘变得模糊和清晰，灵活地使用这两种工具对细节进行修饰，可以更加完美地突出主体部分。
- “涂抹”工具：可以模拟出用手指涂抹颜料的效果，在颜色的交界处使用“涂抹”工具，会产生相邻的颜色互相渗入的模糊感。“涂抹”工具不能在位图和索引颜色模式的图像上使用。
- “减淡\加深\海绵”工具：可以用来调整图像的细节部分，如调整明暗关系，使图像的局部变淡、变深或使色彩饱和度增加或降低，从而制造更加和谐的光影效果。

[知识窗]

照片的修复和翻新

照片本身的破坏程度不是很大时，可以用移植的办法补全或修复，以保持原照片的质感，这样就可以尽量不做大的修改。但对于特别破烂的照片，又是绒面的，或带有布纹或斑点的，可用翻新的手段来全面地修整照片。为了尽量避免照片做得像卡通，可以在后期处理上下工夫，比如添加杂色或移植皮肤层等，把照片做旧，再结合色彩的渲染和背景的处理，让照片在保持原有相貌不变的情况下焕然一新。

■ 自测题

1. 填空题

(1)可以用于对图像的全部或局部进行模糊，能减低像素之间的对比度，使图像变得柔和的工具是________。

(2)“涂抹”工具不能在________和________模式的图像上使用。

2. 选择题

(1)下面对“背景色橡皮擦”工具与“魔术橡皮擦”工具描述正确的是(　　)。

A. “背景色橡皮擦”工具与“橡皮擦”工具使用方法基本相似，“背景色橡皮擦”工具可将颜色擦掉变成没有颜色的透明部分

B. “魔术橡皮擦”工具可根据颜色近似程度来确定图像透明的程度

C. “背景色橡皮擦”工具选项栏中的“容差”选项用来控制擦除颜色的范围

D. “魔术橡皮擦”工具选项栏中的“容差”选项在执行后只擦除图像连续的部分

(2)编辑图像时使用“减淡”工具可以达到什么效果？(　　)

A. 使图像中某些区域变暗　　B. 删除图像中的某些像素

C. 使图像中某些区域变亮　　D. 使图像中某些区域的饱和度增加

(3)下面哪个工具可以减少图像的饱和度？(　　)

A. “加深”工具　　B. “锐化”工具(正常模式)

C. “海绵”工具　　D. “模糊”工具(正常模式)

3. 问答题

(1)Photoshop CS4 中，哪些工具可以用于图像绘制？

(2)“油漆桶”工具、“填充”工具和“渐变”工具有哪些区别？

4. 操作题

做一张小型邮票。

模块四
路径、形状和文字工具的使用

【模块综述】

Photoshop CS4提供了一些基本的路径形状，可以直接绘制形状路径或者在此基础上加以修改形成需要的形状，还可以用“钢笔”工具勾画出自己需要的曲线或形状。另外，还可以对文本进行各种格式的设置，也可以将文字转换成形状、图层和路径等。本模块通过绘画、特殊形态的文字等具体实例来学习路径、形状和文字工具的使用。

学习完本模块后，你将能够：

- 掌握绘制路径。
- 掌握路径编辑。
- 掌握形状绘图。
- 掌握文字的应用。

任务一　绘制花——“路径”工具的应用

■ 任务目标

在本任务中，我们通过对花的绘制来掌握“钢笔”工具的使用方法和技巧，初步掌握路径的修改方法。

■ 创作主题

用粉色的花及花边图案做出一张温馨的信笺。

原图

⇒

效果图

■ 操作步骤

(1)新建名称为“花”的文件，如右图所示。

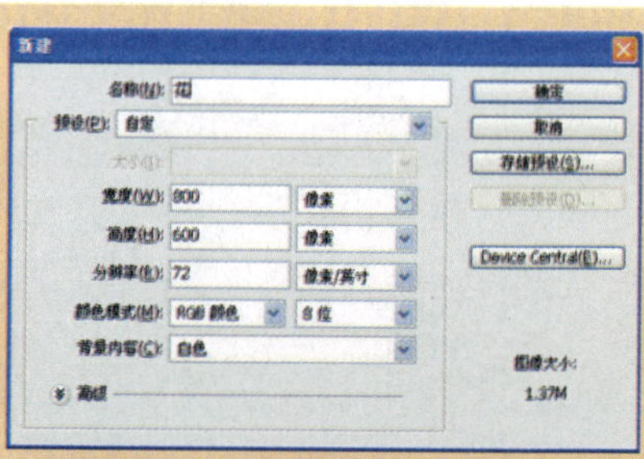

(2)选择路径面板，新建路径，命名为“花瓣”，如右图所示。

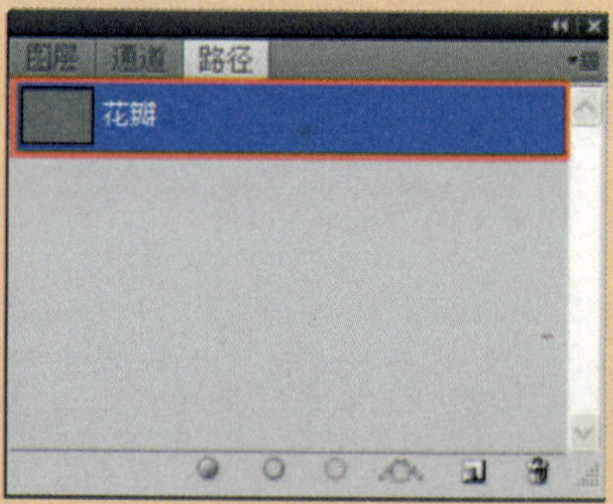

(3)使用“钢笔”工具绘制一个三角形，具体操作是：选择“钢笔”工具，选择“路径”工具，单击鼠标定义第一个锚点(起始点)，移动鼠标到第二个锚点位置单击，与第一个锚点建立直线连接，然后用同样的方法继续绘制其他锚点。当光标接近起始点时会出现一个小圆圈，单击形成闭合路径，三角形就绘制出来了。如右图所示。

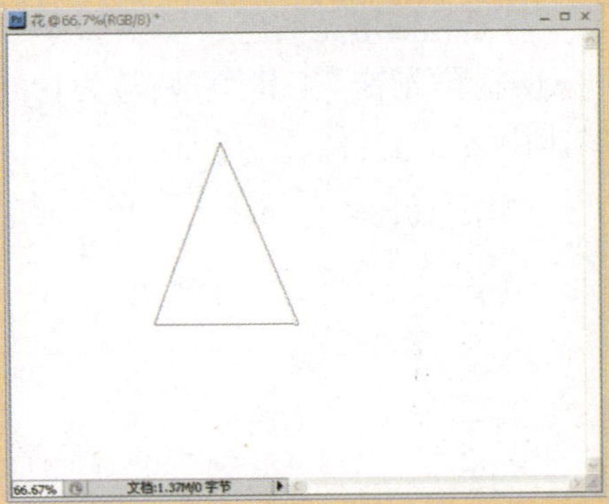

(4)用“转换点”工具拉出弧形，具体操作是：右击“钢笔”工具，选择“转换点”工具，单击第二个锚点，向外拖动鼠标，形成弧形。同理，拖动第三个锚点，形成弧形，再稍作修改，形成花瓣雏形，如下图所示。

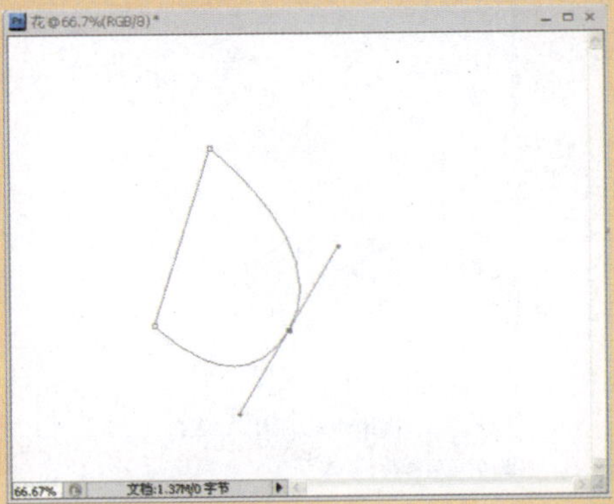

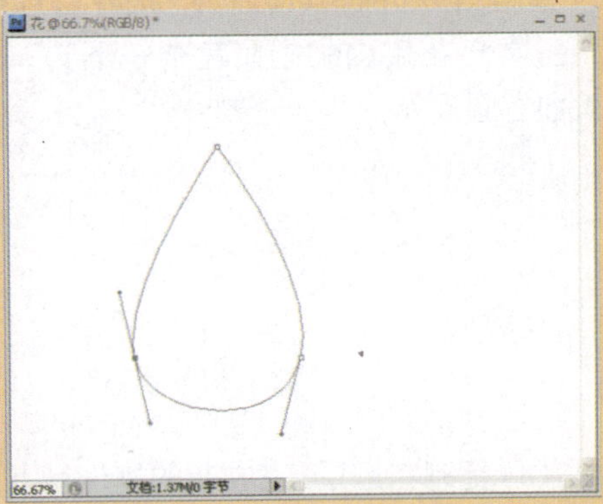

(5)选择“添加锚点”工具，在花瓣下方中间处添加一个锚点，鼠标往上拖动，形成花瓣，如右图所示。

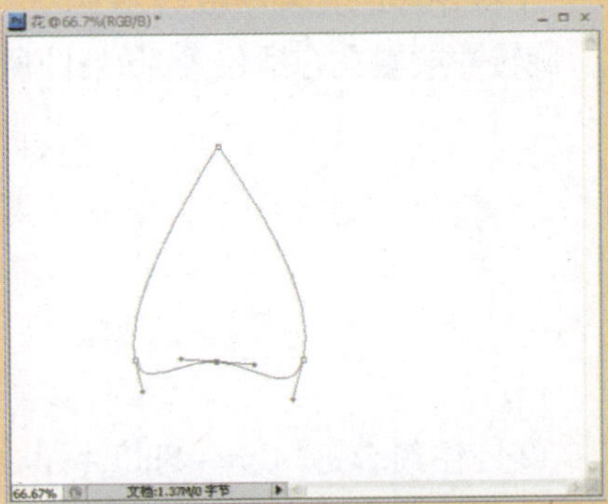

(6)把路径转换成选区。单击路径面板上“将路径做为选区载入”按钮，把路径转换成选区，如右图所示。

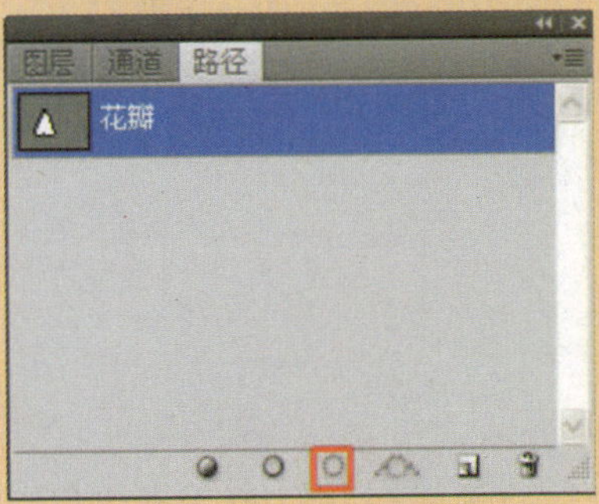

(7)给花瓣填充颜色。

①选择“渐变”工具，调整为粉红渐变色，如右图所示。

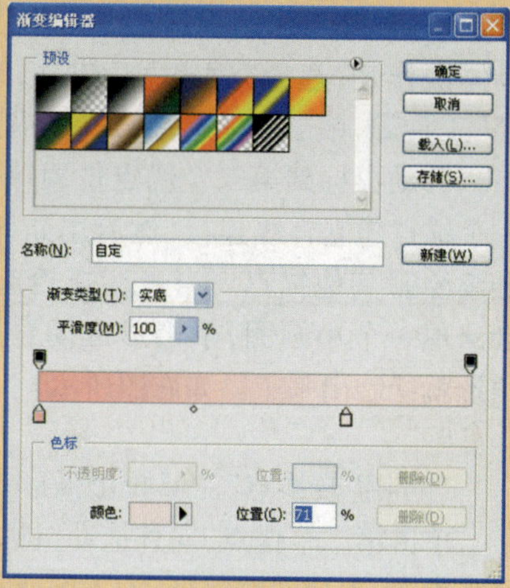

②新建层并将其命名为“花瓣”，选择径向渐变，填充花瓣，再用画笔描一下边，做好花瓣，如右图所示。

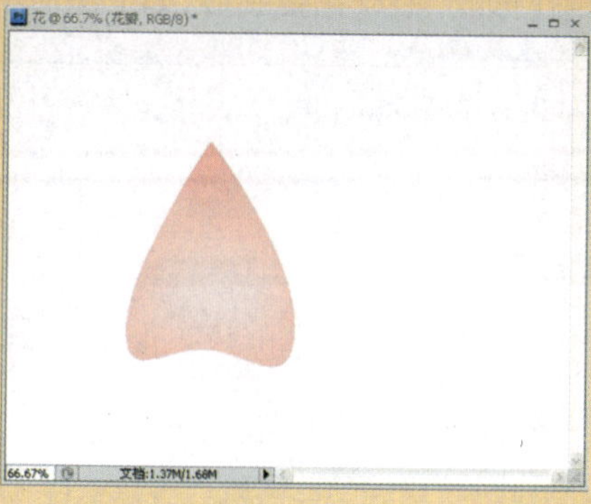

(8)复制花瓣层，完成花的制作。

①将花瓣图案调整成合适大小，复制花瓣层，旋转并放置在合适位置，如右图所示。

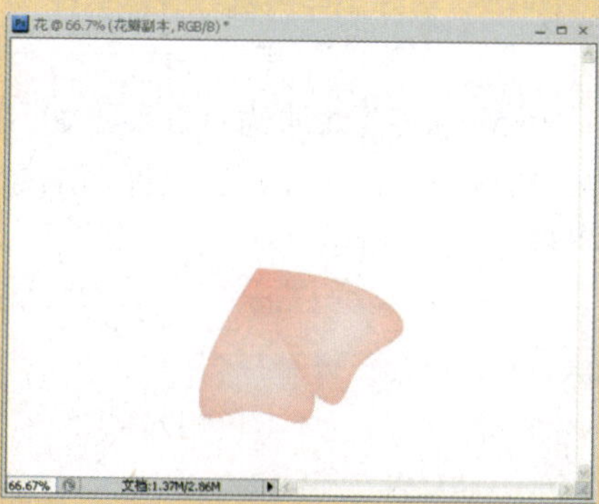

②按住组合键“Ctrl + Shift + Alt + T”复制出整朵花的图案，如右图所示。

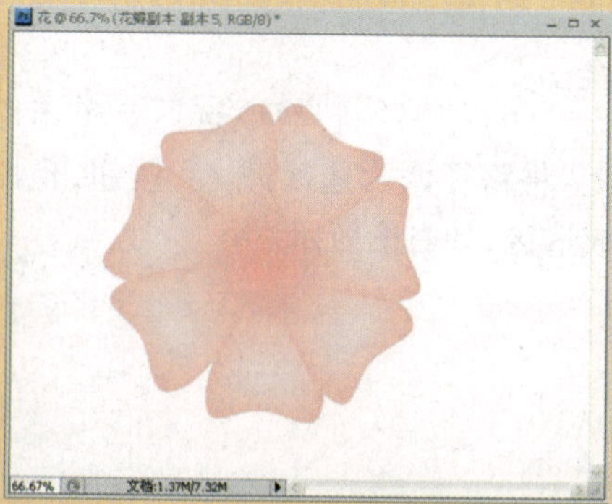

③新建层，用100像素柔角画笔将花心点出，制作完成；关闭背景可视，按住组合键“Crtl + Shift + E”合并可见图层，如下图所示。

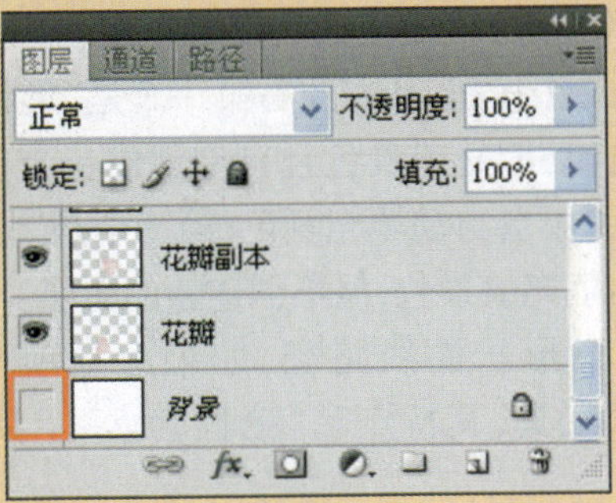

(9)做成一张精美的信纸。

①执行“文件/打开”命令，打开“素材\模块四\任务一\信纸.jpg”文件，如右图所示。

②选择花朵图案，将其缩放成合适大小并放在信纸上，制作完成。

〔想一想〕

路径可以转化为选区，那选区能不能转化为路径呢？怎么做？

〔做一做〕

试着绘制心形图案。

友情提示

路径是由多个节点的矢量线条构成的图形。路径可以是一个点、一条直线或一条曲线。它可以是开放的，也可以是闭合的。

创建路径后，可以通过工具箱内的一些工具修改路径的形状、位置和大小。

- “钢笔”工具：用来绘制连接多个锚点的线段或曲线路径。单击“钢笔”工具按钮后，选项栏里出现三个按钮，从左往右第一个是“形状图层”按钮，按下该按钮后，在绘制路径中会自动填充前景色且自动创建一个新的图层；第二个是“路径”按钮，按下该按钮后，不会自动填充颜色；第三个是“填充像素”按钮，在画形状时按下该按钮会自动填充前景色，但不创建新的图层。
- “自由钢笔”工具：用来绘制任意形状曲线路径，如果在选项栏里勾选☑磁性的复选框，则变成“磁性钢笔”工具，其特点和“磁性套索”工具一样，绘图时会自动依附在图像的边缘。
- “添加锚点”工具：按下该按钮后在路径线上单击要添加锚点的地方，即可添加一个锚点。
- “删除锚点”工具：按下该按钮，在路径锚点上单击，即可将该锚点删除。
- “转换点”工具：按下该按钮，在锚点上拖动，可以改变路径的形状。
- “路径选择”工具：可以显示路径锚点，改变路径的位置和形状。
- “直接选择”工具：可以显示路径锚点，改变路径的形状和大小。

〔知识窗〕

矢量图形是计算机图形学中用点、直线或者多边形等几何图元表示的图像。矢量图形是指使用计算机技术合成的图像。其特点是：

(1)文件小。由于矢量图形中保存的是线条和图块的信息，因此矢量图形文件的分辨率与图形大小无关，只与图形的复杂程度有关，越简单的图形所占的存储空间越小。

(2)图形大小可以无级缩放。在图形进行缩放、旋转或变形操作时，矢量图形仍具有很高的显示和印刷质量，而且不会产生锯齿模糊效果。

(3)可采取高分辨率印刷。矢量图形文件可以在任何输出设备及打印机上以最高分辨率进行打印输出。

任务二　制作图片“夜晚”——“矢量形状”工具的应用

■ 任务目标

Photoshop 的“形状”工具可以画出很多不同的形状，在本任务中，我们将用“自定形状”工具来绘制出一幅表现夜晚森林的图片。

■ 创作主题

用“形状”工具制作一幅表现夜晚森林的图片。

■ 操作步骤

(1)新建名称为“夜晚”的文件,如右图所示。

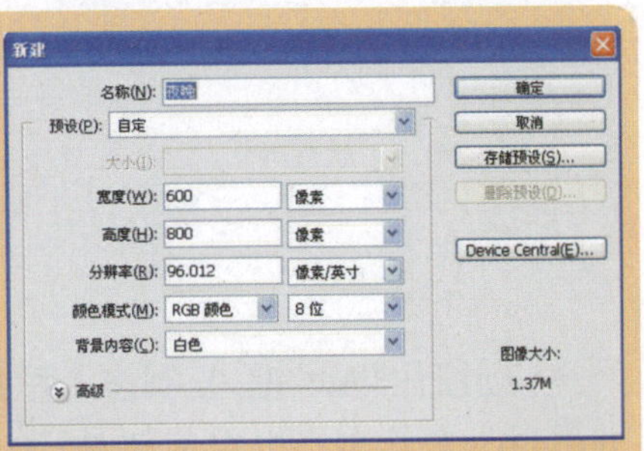

(2)选择“矩形”工具,画一矩形路径,再用“添加锚点”工具将下边线做成弯曲状,如右图所示。

(3)新建图层,将路径转换为选区,填充黑色草地,反选填充渐变蓝色天空(#37419c,#a496ba),将图层更名为“天空草地”,如右图所示。

(4)选择“自定形状”工具,如右图所示。

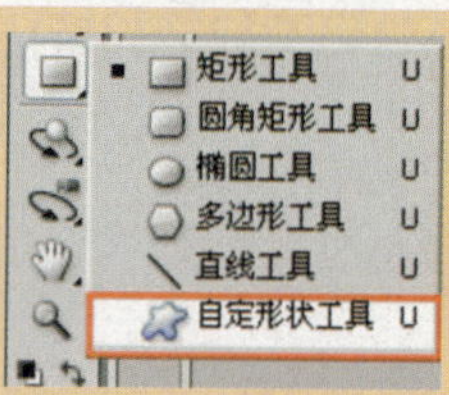

(5)打开“形状”下拉列表框,选择“树”形,如下图所示。

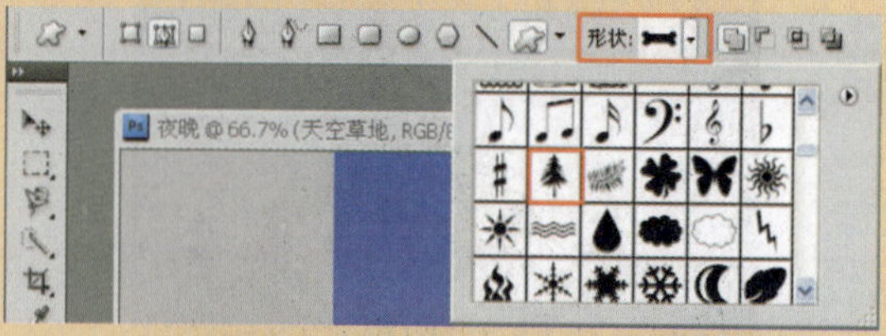

(6)新建一个图层,拖出树形,并把路径转换成选区,填充黑色,更改图层名为“树”并放到合适的位置,如右图所示。

(7)按住“Alt”键,复制多个图层“树”并适当改变其大小以组成树林;关闭背景层及“天空草地”层可视,按住组合键“Ctrl + Shift + E”合并可见图层,如右图所示。

(8)设置“天空草地”图层为可见,选择“兔子”形状,在树林中画出兔子并填充成黑色,再将其水平翻转后放到树下,如右图所示。

(9)新建图层，选择"月牙"形状，将其转换为选区并填充成蜡笔黄色，再将图层命名为"月牙"。至此，制作完成，如右图所示。

〔想一想〕

还有什么方法可以制作树林？

〔做一做〕

在上面的"夜晚"图片中，再添加上星星和其他小动物的图案。

友情提示

"形状图层"按钮

- 在使用"形状图层"按钮后，每绘制一个路径会自动填充前景色且自动创建一个图层。

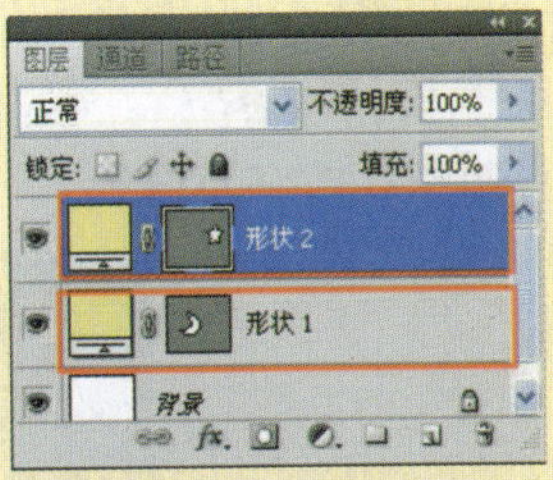

- 按住"Shift"键再来绘制，可以在同一图层上绘制多个路径。

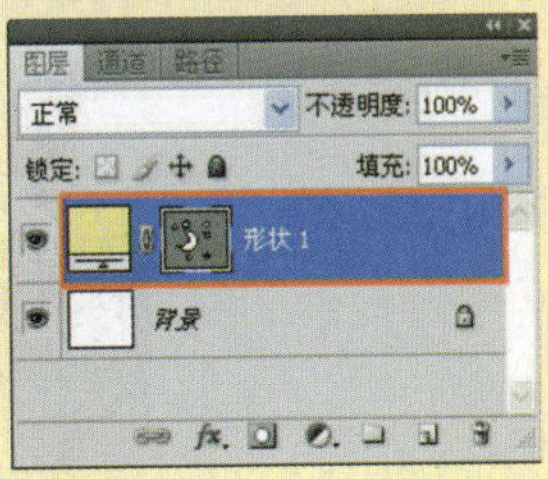

• 右击形状图层，在弹出的快捷菜单中选择“栅格化图层”选项，可将形状图层转换为普通图层。

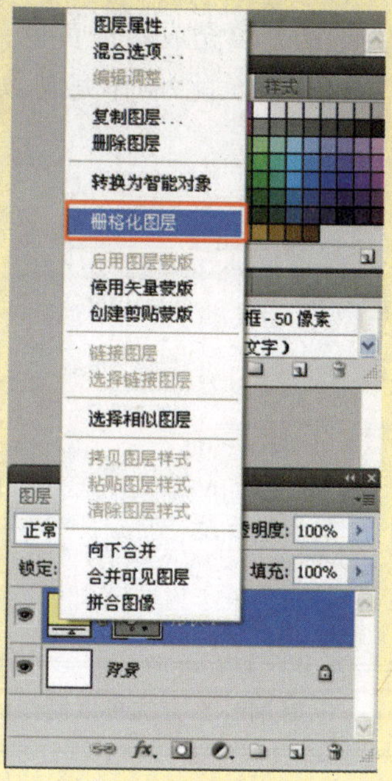

任务三　制作立体字——“文字”工具的应用

■ 任务目标

Photoshop CS4 提供了“文字”工具，可以给图案加入各种字体的文字或字体图案。在本任务里，我们将用“文字”工具来制作立体字。

■ 创作主题

制作立体字及倒影。

■ 操作步骤

(1)新建名称为“立体字”的文件，如右图所示。

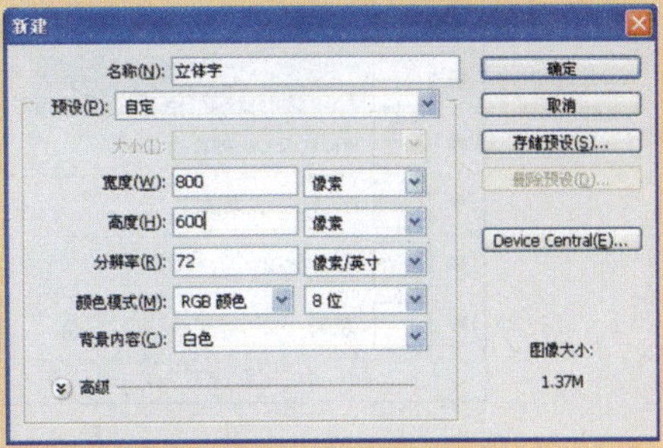

(2)选择“横排文字工具”T，在选项栏里设置字体和字号，如下图所示。

(3)单击画布后输入文字，如右图所示。

(4)单击选项栏上“创建文字变形”按钮，在“变形文字”对话框的“样式”一栏里选择“旗帜”变形选项，如下图所示。

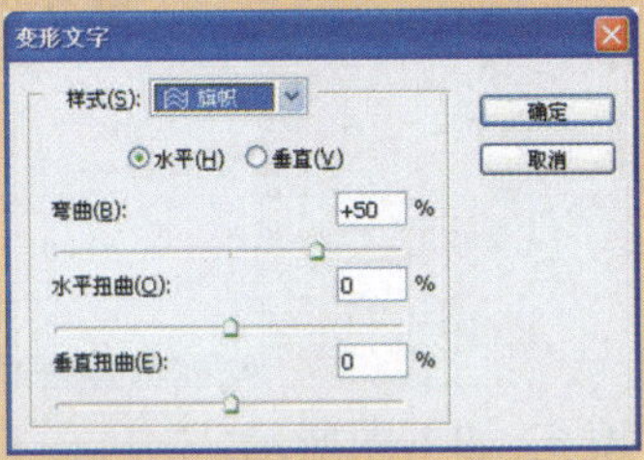

(5)右击文字图层，将图层转换为形状，如右图所示。

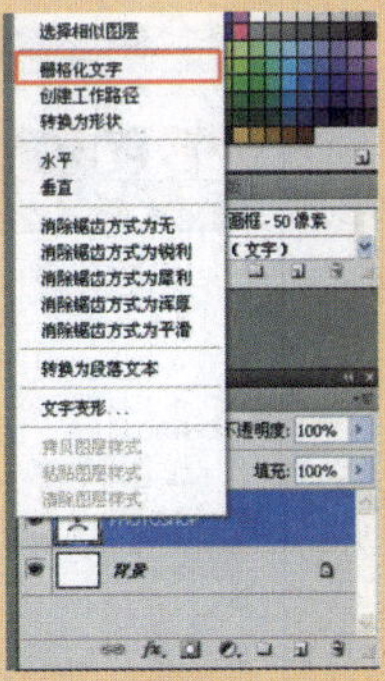

(6)选择“移动”工具，按住快捷健“Alt +←”，复制文字，新图层将自动往左移动，如下图所示。

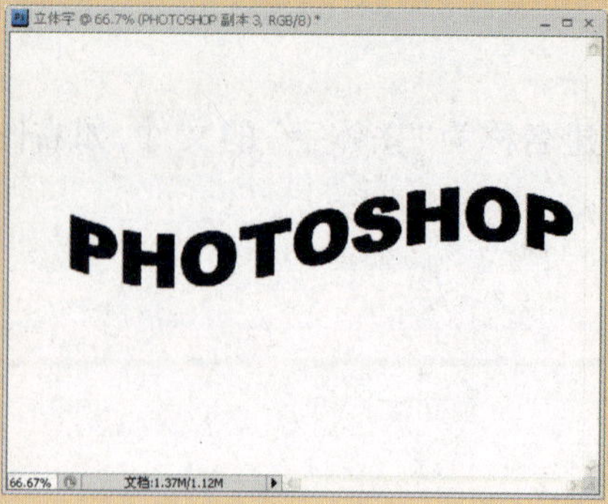

（7）选择副本10，按住“Ctrl”键单击图层，将图层上的文字载入选区，并将其填充成红色，如右图所示。

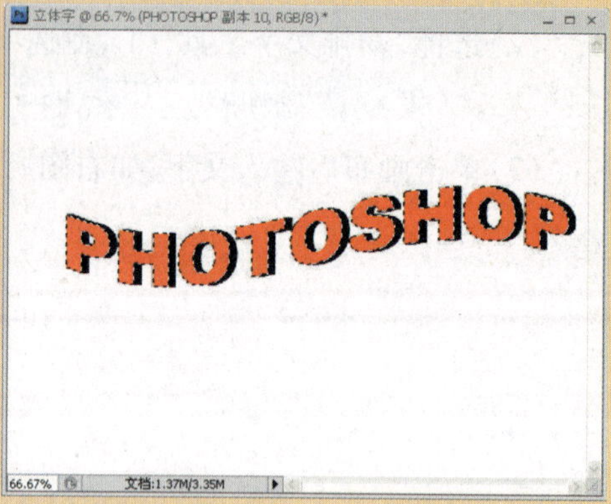

（8）合并图层，将其移动到合适的位置并更名为“字”，如右图所示。

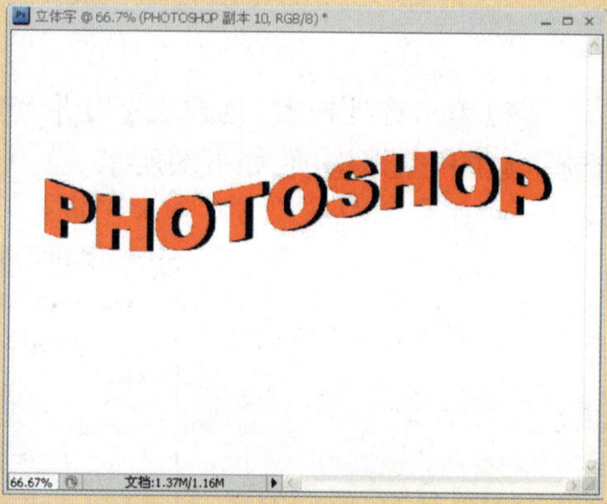

（9）背景选择“铬黄渐变”填充，如下图所示。

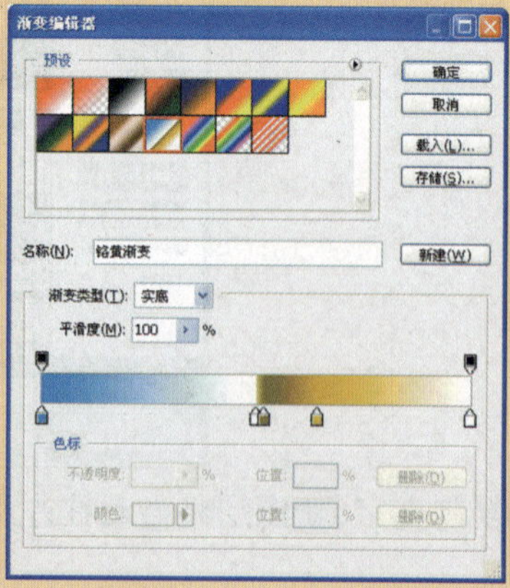

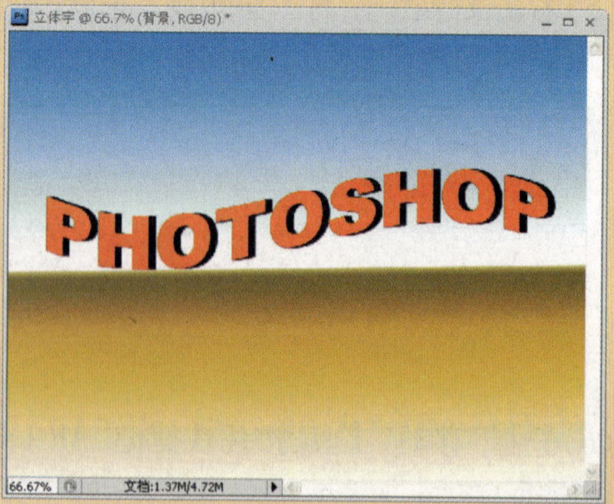

(10)复制字图层,垂直翻转,移动到字的下方,改变图层的不透明度和填充度。至此,制作完成,如右图所示。

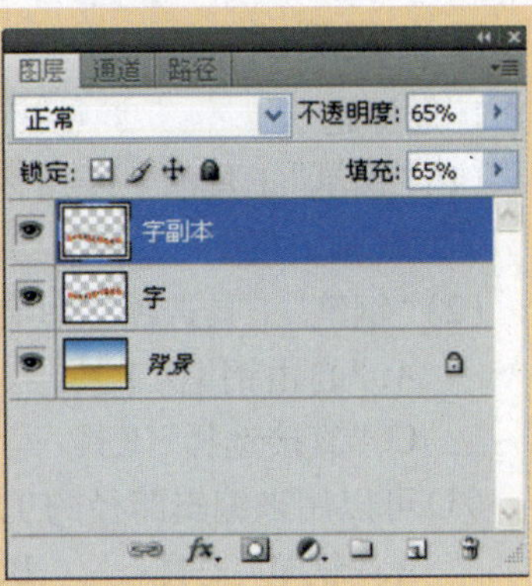

〔想一想〕

文字创建应使用哪个工具?可以把文字设置成竖排吗?

友情提示

文字工具组

- “横排文字”工具 T :单击画布,可在当前图层上创建一个新的文字图层。同时,画布内会出现一个竖线光标,输入文字后,按住“Ctrl”键可切换到移动状态,拖动鼠标可以移动文字。
- “直排文字”工具 IT :单击画布,可在当前图层上创建一个新的文字图层。同时,画布内会出现一个横线光标,输入的文字是竖排文字。
- “横排文字蒙版”工具 T :单击画布,可在当前图层上加入一个红色蒙版。同时,鼠标单击处会出现竖线光标,输入文字后单击其他工具,画布上会出现横排文字选区。
- “直排文字蒙版”工具 IT :单击画布,可在当前图层上加入一个红色蒙版,同时,鼠标单击处会出现横线光标,输入文字后单击其他工具,画布上会出现竖排文字选区。

〔知识窗〕

文字的主要功能是在视觉传达中向大众传达作者的意图和各种信息,在设计文字时必须考虑更有效的表达设计的主题构想。水平方向上,人的视线一般是从左向右移动;垂直方向上,人的视线一般是从上到下移动;大于45°斜度时,视线是从上向下移动;小于45°时,视线是从下向上移动。因此,在设计文字时,要顺应人们心理感受的顺序。

■ 自我测试

1. 选择题

(1)“钢笔”工具的主要用途是(　　)。

A. 画矢量图　　B. 画位图　　C. 做选择区域　　D. 处理像素

(2)“钢笔”工具选项栏里有(　　)。

A.“自由钢笔”工具　　B.“转换点”工具

C.“直接选择”工具　　D.“添加锚点”工具

(3)可以用来编辑路径的工具有(　　)。

A.“钢笔”工具　　B.“铅笔”工具　　C.“画笔”工具　　D.“套索”工具

(4)工具箱中的“矩形”工具画出的矩形是(　　)。

A. 矢量图　　B. 像素图　　C. 点阵图　　D. 栅格图

(5)在同一图层上绘制多个路径需要按住(　　)键。

A. Ctrl　　B. Shift　　C. Alt

(6)使用“文字蒙版”工具创建的是(　　)。

A. 文本层　　B. 文字选区　　C. 通道　　D. 文字路径

2. 操作题

制作一个安全标志牌,如下图所示。

模块五
图像色彩的调整

【模块综述】

在处理图片过程中，常需要调整图像色彩。Photoshop提供了一系列调整图像的色调品质和色彩平衡的命令和功能，本模块将对这些命令及功能进行介绍。

学习完本模块后，你将能够：

- 了解色阶、色相、饱和度、亮度、对比度等相关知识。
- 掌握色阶调整，如掌握“色相/饱和度”命令；掌握“亮度/对比度”命令；掌握“曲线”命令并调整图像色调；了解“通道混合器”、“色调分离”、“变化”等命令。

任务一 制作图片“夜晚的街边”——色调调整命令的应用

■ 任务目标

图片有时会太暗或太亮，在本任务中，我们将通过色相、亮度、去色、色阶等命令把张照片处理成表现夜晚街边一角。

■ 作品分析

运用色彩调节工具可制作出夜晚橱窗的景色。

原图

⇒

效果图

■ 操作步骤

（1）执行“文件/打开”命令，打开“素材\模块五\任务一\街景. psd”文件，如右图所示。

（2）选择背景层，执行“图像/调整/去色”命令（组合键“Ctrl + Shift + U”）给本层去色，如右图所示。

（3）执行“图像/调整/曲线”命令，在“曲线”对话框中进行参数设置，将背景调暗，以形成夜晚。

友情提示

在“曲线”对话框中，我们可以通过移动线段上的某个点来调整整个图像的色调，往上移动变亮，往下移动变暗，如下图所示。

(4)执行“图像/调整/色相/饱和度”命令，弹出“色相/饱和度”对话框，选择“着色”选项，移动色相滑块至绿色，再调整饱和度的值，改变背景色为绿色，如下图所示。

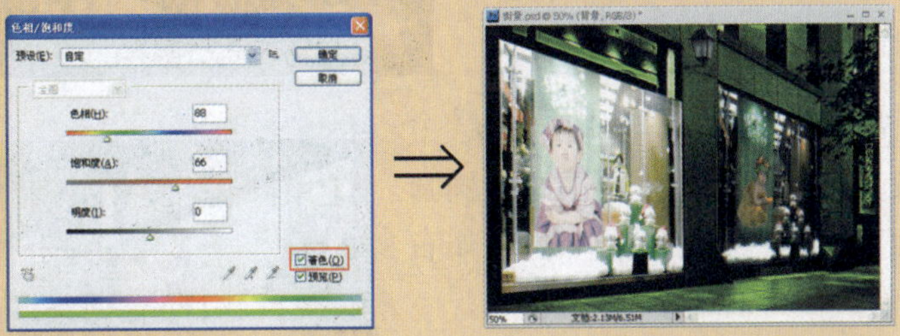

(5)选择“橱窗 1”层，执行“图像/调整/色阶”命令，在“色阶调整”对话框中进行参数设置，将橱窗 1 调暗一些。

友情提示

色阶就是图像像素每一种颜色的亮度值，色阶的范围是0～255。其值越大，亮度越暗；其值越小，亮度越亮。

(6)选择“橱窗 2”层，执行“图像/调整/亮度/对比度”命令，弹出“亮度/对比度”对话框，调整亮度及对比度的值，把橱窗 2 调亮一些，如下图所示。

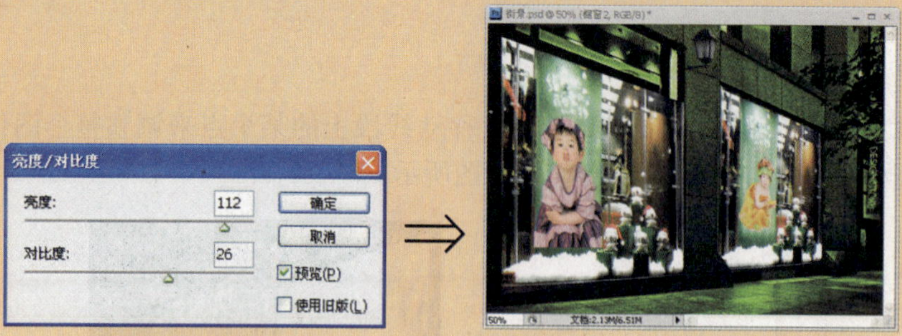

(7)选择“路灯”层，执行“图像/调整/色相/饱和度”命令，把路灯颜色调整为橙色，如下图所示。

(8)选择“背景”层，再选用“椭圆选框”工具，将羽化值改为“20”后在路灯周围画一椭圆选框，调整色相为橙色。至此，制作完成，如右图所示。

〔想一想〕

我们可以用哪几种方式调整图片的明暗?

友情提示

“色阶”各选项的作用

(1)“通道”下拉列表框用来选择复合通道(如 RGB、CMYK 通道)和颜色通道(如红、绿、蓝通道)。对于不同模式的图像，下拉列表框中的选项不一样，其色阶情况也不一样。

(2)“输入色阶”三个文本框从左到右依次是最小色阶值、中间色阶值和最大色阶值。最小色阶值的范围是0～253，当图像色阶小于设置的最小色阶值时，为黑色；最大色阶值的范围是2～255，当图像色阶大于设置的最大色阶值时，为白色；中间色阶值的范围是0.1～9.99。最小色阶值和最大色阶值越大，图像越暗；中间色阶值越大，图像越亮。

(3)在“输出色阶”两个文本框中，左边的用于调整图像暗部分的色阶值，右边的用于调整亮部分的色阶值。它们的范围都是0～255，其数值越大，图像越亮。

(4)吸管组 从左到右依次是设置黑场、设置灰场和设置白场。设置黑场时，系统将图像像素的色阶数值减去吸管获取的色阶数值，以作为调整图像各个像素的色阶数值，这样可以使图像变暗并改变颜色；设置灰场时，系统将吸管获取的色阶数值作为调整整个图像各个像素的色阶数值，这样可以改变图像的亮度和颜色；设置白场时，系统将图像像素的色阶加上吸管获取的色阶数值，以作为调整图像各个像素的色阶数值，这样可以使图像变亮并改变颜色。

〔知识窗〕

色调和色系

- 色调：由物体反射的光线中占优势的色光来决定，不同波长的色光会使人产生不同颜色的感觉。色调是颜色的重要特征，它决定了颜色的根本特征。
- 色系：由24个色相与9个色调组成，色调系列的24色色环如右图所示。24色色环结构是以“三原色学说”为理论基础的。它以红(R)、黄(Y)、蓝(B)为三主色，由红色和黄色产生间色—橙(O)，黄色与蓝色产生间色—绿(G)，蓝色与红色产生间色—紫(P)组成六色相。在这6个色相中，每两个色相分别再调出3个色相，便组成24色色相环。

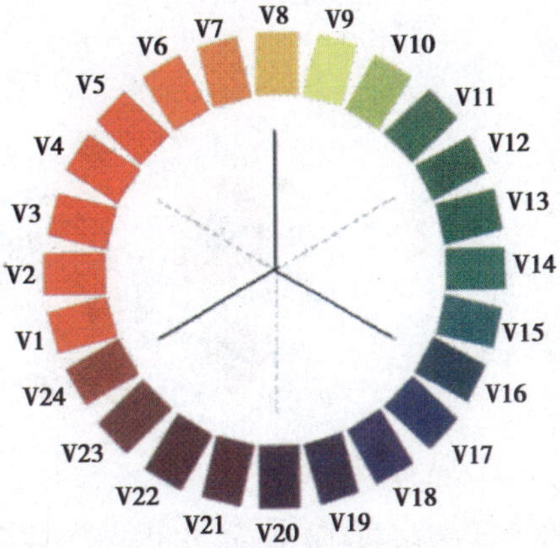

各色调之间存在如下关系。

- 互补关系：在24色色相环中，相隔12个数位或者相距180°的两个色相，为互补关系，是对比最强的色组。
- 对比色关系：在24色色相环中，相隔8个数位或者相距135°的两个色相，为对比色关系，是中强对比效果的色组。
- 邻近色关系：在24色色相环中，相隔五六个数位或者相距90°的两个色相，为邻近色关系，是中对比效果的色组。
- 同类色关系：在24色色相环中，相隔二三个数位或者相距45°的两个色相，为同类色关系，是弱对比效果的色组。

〔做一做〕

打开“素材\模块五\任务一\黄花.jpg”文件,修正图片的色调,如下图所示。

原图　　效果图

任务二　制作图片“七彩花廊”——色彩调整命令的应用

■ 任务目标

Photoshop CS4 提供了大量的色彩调整命令来帮助校正图像色彩。在本任务里,我们通过对一张图片的调整来学习色彩调整命令。

■ 作品分析

通过不同的颜色变换工具可对不同的花做出不同的色彩。

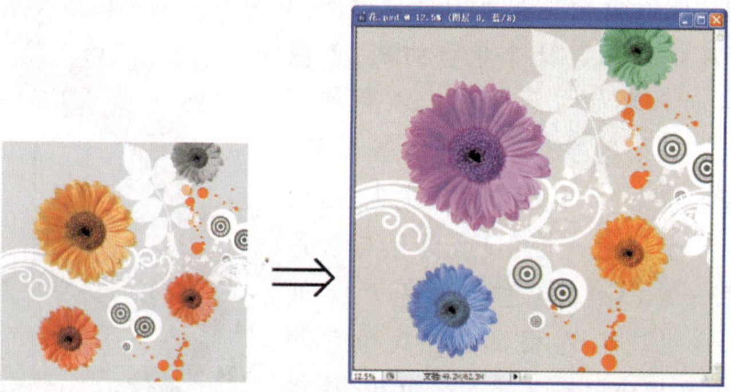

■ 操作步骤

(1)执行“文件/打开”命令,打开“素材\模块五\任务二\花.psd”文件,如右图所示。

(2)选择“图层7”,执行“图像/调整/通道混合器”命令,弹出“通道混合器”对话框,调整红、绿通道的数值,如下图所示。

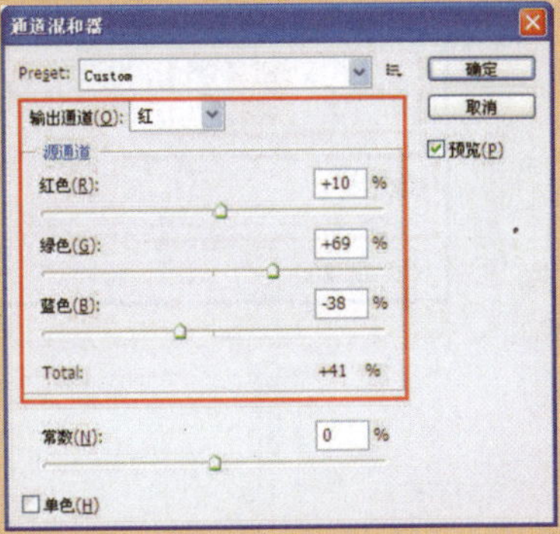

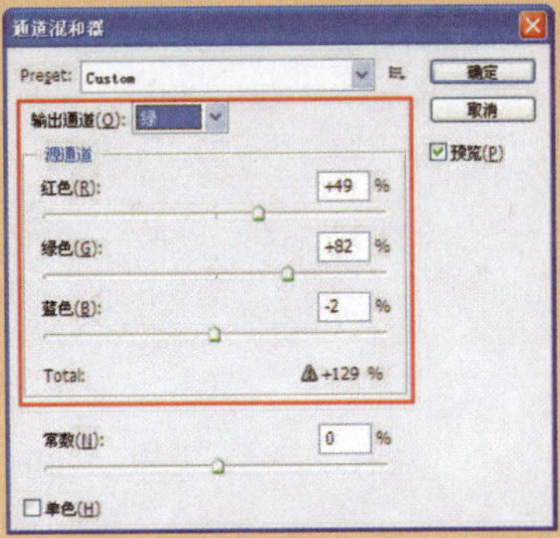

(3)选择“图层4”,执行“图像/调整/色相/饱和度”命令,调整相关数值,如下图所示。

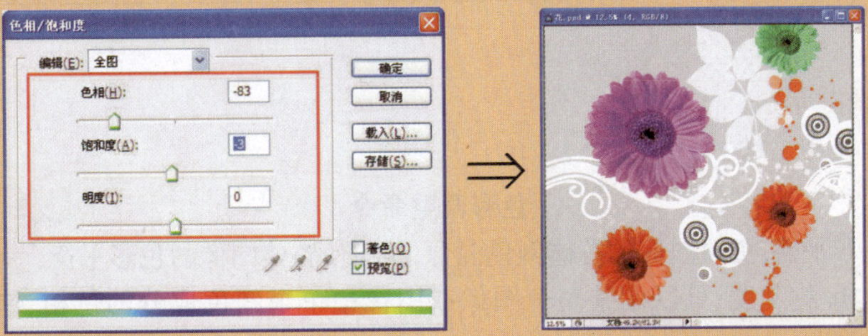

(4)选择“图层6”,执行“图像/调整/可选颜色”命令,调整相关数值,如下图所示。

(5)选择“图层5”,执行“图像/调整/替换颜色”命令,调整相关数值,如下图所示。

（6）选择“图层 0”，执行“图像/调整/照片滤镜”命令，调整相关数值，如右图所示。至此，制作完成。

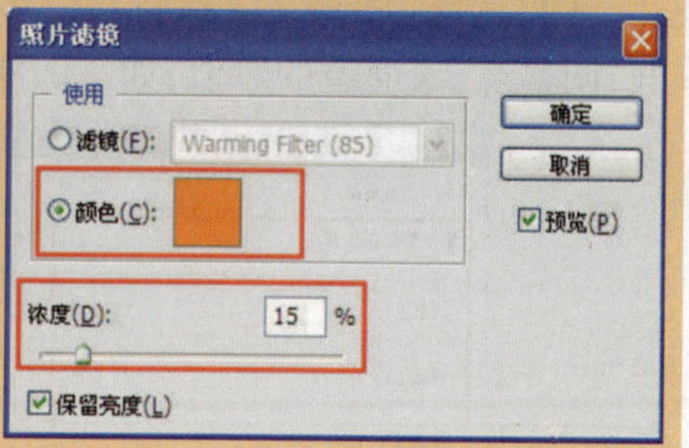

〔想一想〕

还有什么命令可以改变图像的颜色？

友情提示

色彩调整命令

- 色彩平衡：更改图像的总体颜色混合，从而使整体图像的色彩平衡。
- 色相/饱和度：可以调整整个图像或图像中单个颜色成分的色相、饱和度和明度。
- 照片滤镜：模拟在照相机的镜头前添加一个有色镜片，用以调整色彩平衡和光线色温处理曝光不足的胶片。
- 匹配颜色：通过一幅图像与另一幅图像的匹配色彩，使同类产品图像外观色调趋同。
- 替换颜色：可以在图像中替换图像中的特定颜色，可以设置标识区域的色相、饱和度和亮度。
- 通道混合器：用于调整通道中的颜色。
- 色调分离：主要用于把有丰富色阶渐变的颜色简化为两三种纯色。

〔知识窗〕

色彩和色调面积

色调用色面积的大小对作品体现的效果起决定性因素。色彩构成中，主色调的强调程度和色彩面积的大小直接关系到色彩意向的传达。例如红色，当它的用色面积只占画面的20%时，在作品中起点缀作用；如果用色面积达到90%时，给人的感觉就大不相同了。所以，在一幅图中改变各种色调所占的比例，会得到意想不到的色彩效果。

■ 自我测试

1. 选择题

(1) 可以将黑白图像变成彩色图像的命令是(　　)。

A. 色彩平衡　　B. 亮度/对比度　　C. 曝光度　　D. 色相/饱和度

(2) 色阶命令主要用于调整图像的(　　)。

A. 明暗度　　B. 色相　　C. 对比度　　D. 饱和度

(3) 可以将彩色图像变成黑白图像的命令是(　　)。

A. 可选颜色　　B. 匹配颜色　　C. 去色　　D. 色相/饱和度

(4) 通过一幅图像与另一幅图像的匹配色彩,使同类产品图像外观色调趋同的命令是(　　)。

A. 替换颜色　　B. 可选颜色　　C. 匹配颜色　　D. 色彩平衡

2. 操作题

打开"自测题素材\模块五\1.jpg"文件,将其中的月季图案由红色改为蓝色。

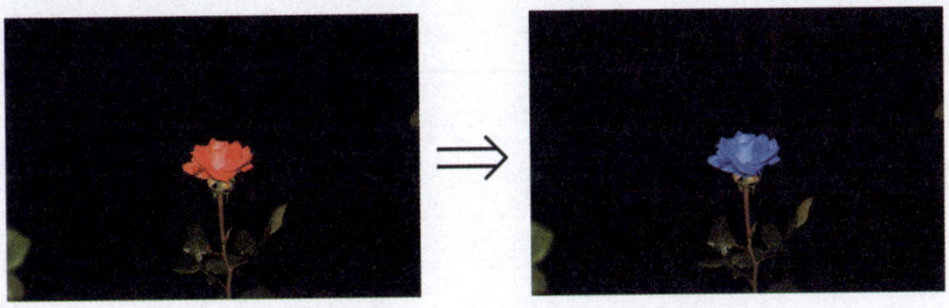

模块六
图层与应用

【模块综述】

图层是图形图像处理的灵魂，它的存在使得图形图像处理更具有生命力，更加灵活多变。不同种类的图层具有不同的作用，存放在不同的图层中。在本模块中，我们将从生活取材，以展示Photoshop在日常生活中的广泛应用为出发点，通过制作“节约用水”宣传海报、“奔马”招贴画设计、制作“2011年贺年卡”、制作图片“沙漠幻境”4个任务的学习，让同学们从最为直观的生活性、实用性、广泛性及商业性等方面来了解Photoshop，掌握并应用图层的相关知识。

学习完本模块后，你将能够：

- 利用不同种类的图层制作出不同的图层效果。
- 利用图层的叠放顺序设计出不同的效果图。
- 利用不同的图层混合模式来融合不同图层，从而产生出乎意料的效果。
- 利用特殊图层进行特效制作。

任务一　制作“节约用水”宣传海报
——图层应用

■ 任务目标

本任务通过“节约用水”宣传海报的设计与制作，让学生了解图层的概念和不同图层的应用，熟悉图层应用的相关操作，掌握图层与图层之间的关系与区别。

■ 作品分析

本作品的特效可突出世界性水资源短缺的现状。

原图

⇒

效果图

■ 操作步骤

(1)执行“文件/打开”命令，打开“素材\模块六\任务一\水. jpg”，并将其存储为“节约用水. psd”文件，如下图所示。

(2)执行“文件/打开”命令，打开 “素材\模块六\任务一\大旱. jpg”素材，并将其复制粘贴到文件“节约用水. psd”中，如下图所示。

(3)将图层1重命名为“干裂的土地”，即双击图层文字部分或右击即可进入重命名文本输入框，如右图所示。

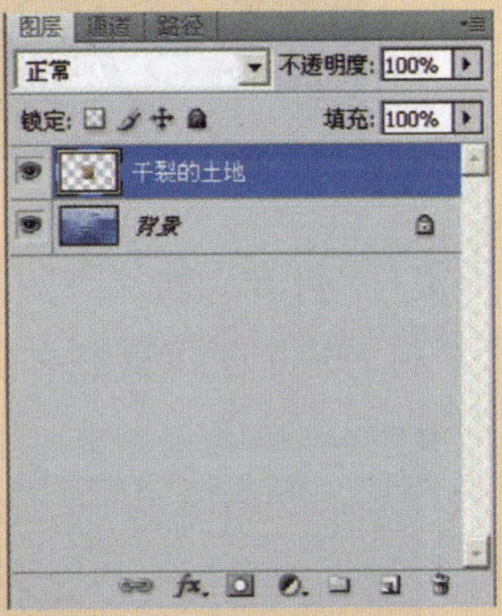

(4)选中图层“干裂的土地”，使用“自由变换”工具对“干裂的土地”进行自由变化，即执行“编辑/自由变换(Ctrl＋T)”命令，使之覆盖背景，如右图所示。

(5)创建背景副本图层，即选择背景层，然后把背景层拖动到新建图层按钮上放开。同时调整“背景副本”图层的位置至“干裂的土地”图层上方，即选择“背景副本”图层按住不放，拖动“背景副本”图层至“干裂的土地”图层上方放开鼠标，如下图所示。

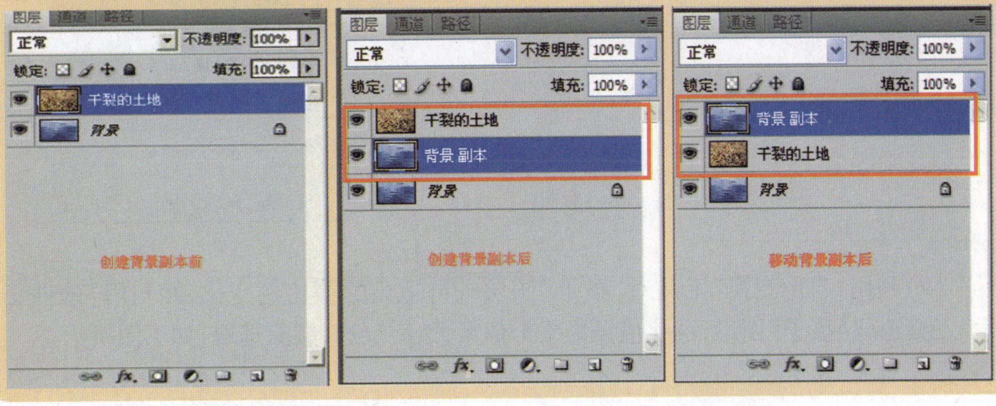

（6）利用“橡皮擦”工具对“背景副本”图层进行处理，效果如下图所示。

（7）执行“文件/打开”命令，打开 “素材\模块六\任务一\孩子. jpg”和“素材\任务一\植物. jpg”素材，并将它们复制粘贴到文件“节约用水. psd”中，如下图所示。

（8）将图层 1 和图层 2 分别重命名为“孩子”和“植物”，同时将“植物”图层隐藏起来，即点击图层前的，如右图所示。

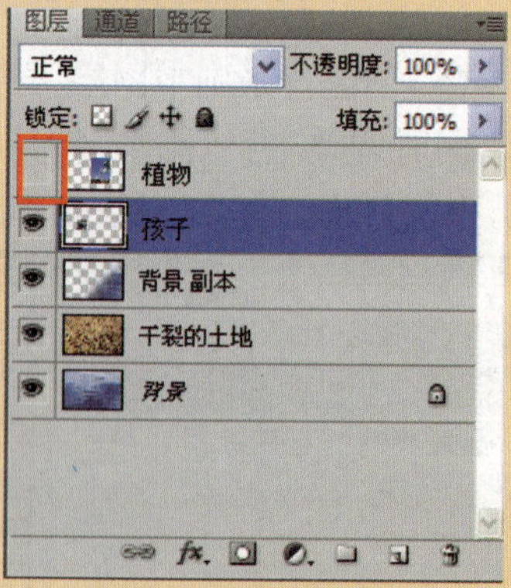

（9）利用“自由变换”工具对“孩子”图层进行适当的等比例变化，并利用“磁性套索”工具选取“孩子”图案，羽化值设为 2 个像素，然后反选，删除选取，如下图所示。

(10)利用图层混合模式使图层之间相互融合起来，即在图层面板上方的下拉菜单中选择“明度”混合模式，效果如下图所示。

(11)显示“植物”图层，即单击该图层前面的方框，让显示出来，同时对“植物”图层进行自由变换，并用“橡皮擦”工具对该图层进行处理，效果如下图所示。

(12)执行“文件/打开”命令，打开“素材\模块六\任务一\水 1. jpg”、“素材\模块六\任务一\水 2. jpg”、“素材\模块六\任务一\水 3. jpg”和“素材\模块六\任务一\水 4. jpg”4 个素材，并将它们复制粘贴到文件“节约用水. psd”中，并分别重命名，如下图所示。

(13)分别用“椭圆选框”工具和“矩形选框”工具对 4 个素材进行处理，并排列整齐，如下图所示。

(14)连接“水 1”、“水 2”、“水 3”和“水 4”4 个图层，即选中“水 1”、“水 2”、“水 3”和“水 4”4 个图层，单击图层面板左下方的 按钮即可，然后单击图层面板右上方的 按钮，在下拉菜单中选择“选择链接图层”选项，然后选择“合并图层”以合并连接图层，如下图所示。

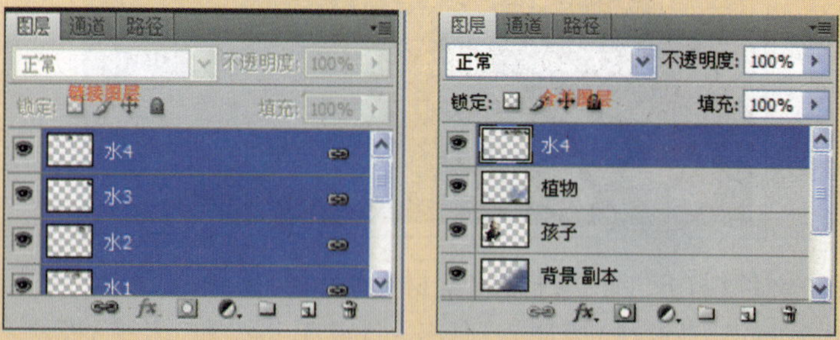

(15)载入选区，即执行“选择/载入选区”命令，效果如下图所示。

(16)对图层选区进行描边，即选择“编辑/描边”命令，效果如下图所示。

(17)在工具箱中选择“直排文本”工具，在图像窗口创建空白文本区域，然后输入“为了我们的明天　请节约用水”宣传语，效果如下图所示。

(18)使用“横排文本”工具创建空白文本区域，把事先准备好的文字复制粘贴到文本中，并进行排版。制作完毕，最终效果图如下图所示。

〔想一想〕

在以上实例运用中，我们学习了哪些图层知识？请你根据所学知识，谈一谈对图层的认识。

〔做一做〕

根据所学内容，简述图层之间的异同。

友情提示

（1）图层被誉为 Photoshop 的灵魂，这个比喻一点也不夸张！在 Photoshop 系列软件中，一幅图像通常由多个不同类型的图层通过一定的组合方式自下而上叠放在一起组成的，它们的叠放顺序以及混合方式直接影响着图像的显示效果。图层就好比一层透明的玻璃纸，透过这层纸，我们可以看到纸后面的东西，而且无论在这层纸上如何涂画，都不会影响到其他层中的内容。

（2）图层面板如下图所示。

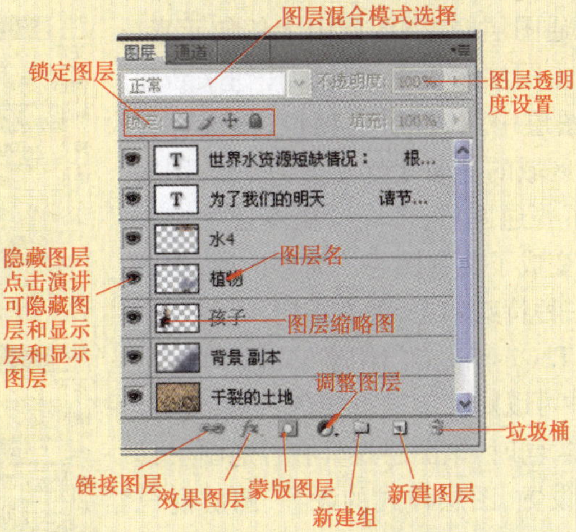

(3)图层菜单如右图所示。

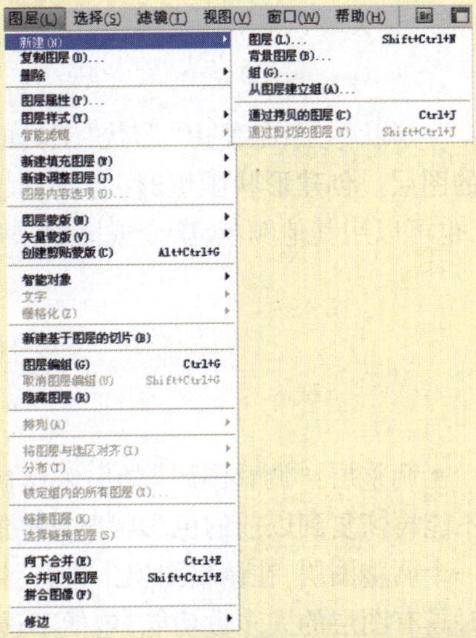

(4)图层的种类有多种，如背景图层、空白图层、文本图层、形状图层、调整层和填充层。

- 背景图层：是被锁定的、始终位于最底层的图层，它不能随意地调整顺序，也不能修改不透明度或混合模式。如果按照透明背景方式建立新文件时，图像就没有背景图层，最下面的图层不会受到功能上的限制，如右图所示。

由于背景层不能进行图层顺序的调整以及不能修改透明度，给图像处理过程带来一些麻烦和不方便。因此，为使背景图层也能享受到普通图层所具有的诸多功能，可把背景层转化为普通层后再进行编辑调整处理。在 Photoshop 中，把背景图层转化为普通图层的方法为直接双击背景图层，在弹出的对话框中单击“确定”按钮即可。

• 空白图层/普通图层：空白图层中无任何元素，是完全透明的，可单击图层面板下方的按钮来新建空白图层。在空白图层中填充颜色、图像、图案等元素，空白图层被填充区域的透明度就发生了变化，图层也由空白图层变成了普通图层；若在空白图层中填充文字，则空白图层就变成了文字图层。简单地说，空白图层是其他图层的一种特殊状态，如右图所示。

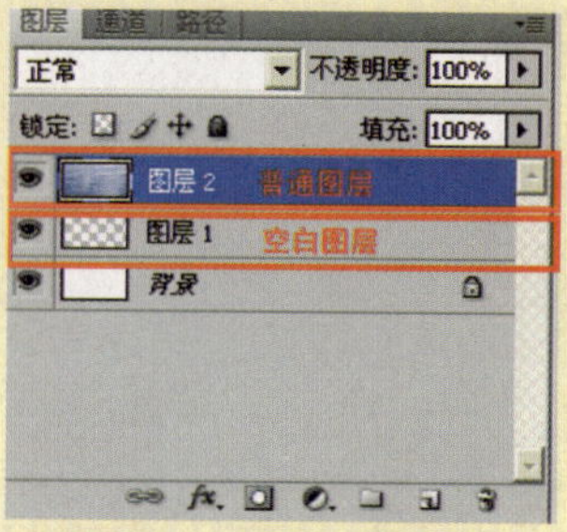

• 文本图层：是 Photoshop 专门用来编辑处理文字的图层。在该图层中可以对文字进行颜色、字体、字号等文字所特有的编辑，同时，该图层还具有普通图层具有的功能，如透明度设置、图层样式的设置、图层混合模式的设置等，如右图所示。

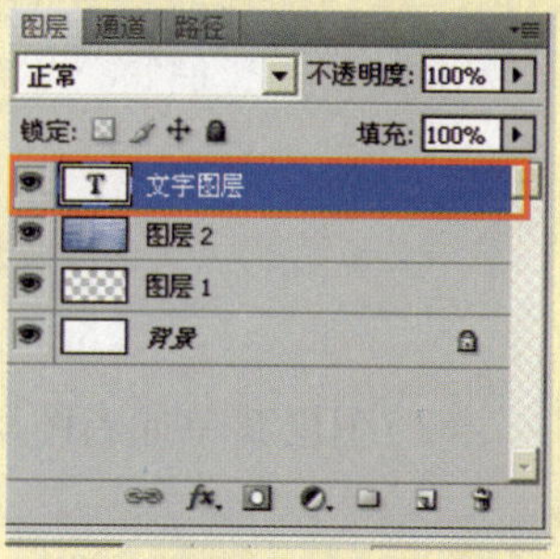

• 形状图层：是使用“形状”工具或“钢笔”工具创建的图层。创建形状图层时，会自动填充当前的前景色，也可以用其他颜色、渐变或图案来进行填充。

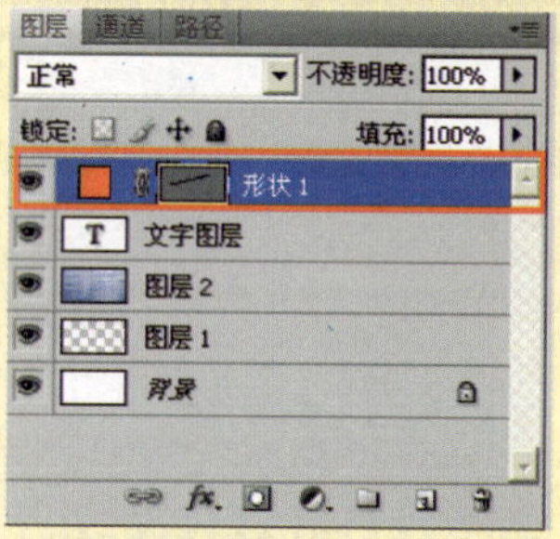

• 调整层：“调整图层”的引入解决了存储后的图像不能再恢复到以前的色彩状况这一问题。它允许建立一个调整图层，在调整图层中进行各种色彩调整，还同时具有图层的大多数功能，包括不透明、色彩模式及图层蒙版等。调整图层不依附于任何现有图层，自成一个图层，它是比较特殊的图层，主要用来控制色调和进行色彩的调整。如果没有特殊设置，调整图层会影响到它下面的所有图层，或者说将它下面的所有图层作为一个图层看待。

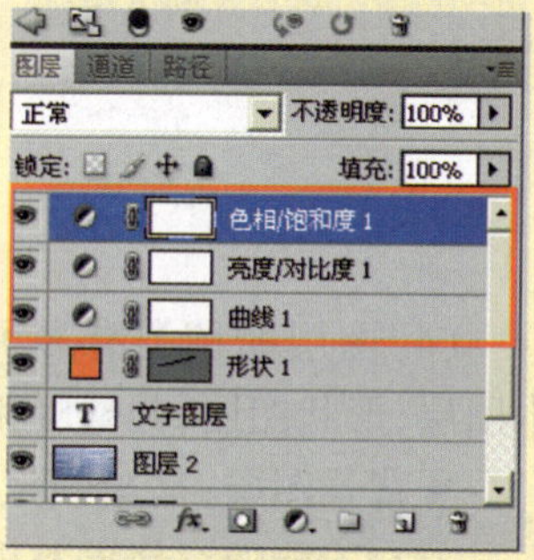

• 填充层：是采用填充不同的色彩、图案等方法来制造出特殊效果。填充图层可填充的内容包括“纯色”、“渐变”和“图案”，它可以设定不同的透明度以及不同的图层混合模式，也可以随时删除填充图层，并不影响图像本身。

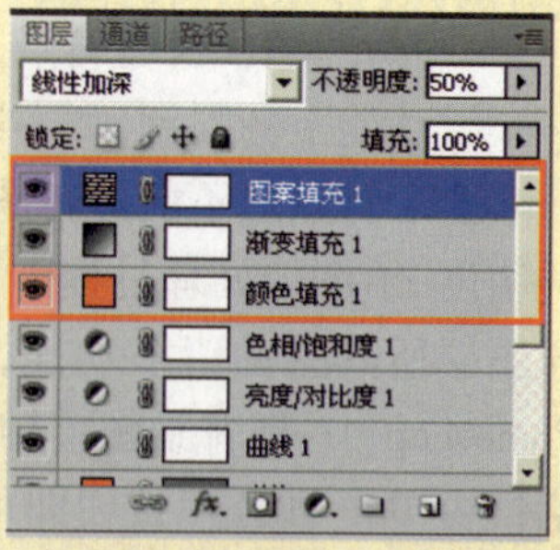

(5)图层的特点：

①除背景层外，其他图层之间的顺序可以任意调换。

②下面的图层可以透过上面图层的透明度区域显现出来。

③在一个图层上进行的操作不会影响到其他图层。

④看到的最终影像是图层叠加的总和。

[知识窗]

平面设计作品和摄影作品一样，构图的作用极为重要。出色的构图，能使画面主次分明，详略得当，给人以美感。一幅作品，若不具备良好的构图形式，往往无法引人入胜，更不能尽兴地表达内容。在迈入艺术的自由王国之前，只有掌握其基本规律和标准方法，才能避免出现“画虎不成反类犬”的现象。

任务二 设计“奔马”招贴画
——图层的混合模式和不透明度

■ 任务概述

本任务通过“奔马”招贴设计画的设计与制作，让读者能深入了解图层与图层之间通过不同的混合模式混合，能产生出人意表的神奇效果，在图片合成上有着广泛应用。同时，在合成图片中还可以通过改变图层的不透明度来改变图层之间的相互融合，使图层之间的融合更加和谐、圆润。

■ 作品分析

图层混合模式的运用。

原图

⇒

效果图

■ 操作步骤

（1）启动 Photoshop CS4，新建一个 600 × 700 像素的文件，命名为“奔马”，同时为该文档设置背景色为(255,192,70)，如右图所示。

（2）执行“文件/打开”命令，打开“素材\模块六\任务二\火焰.jpg”文件并复制粘贴到“奔马.psd”文件中，再将该图层重命名为“火焰”，如右图所示。

（3）为“火焰”图层设置图层混合模式为“浅色”，如下图所示。

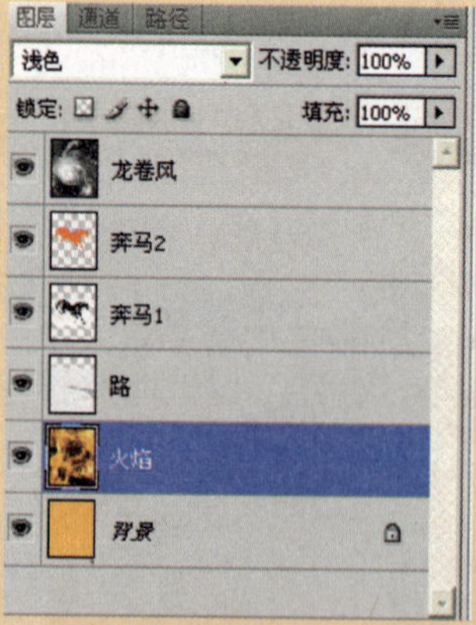

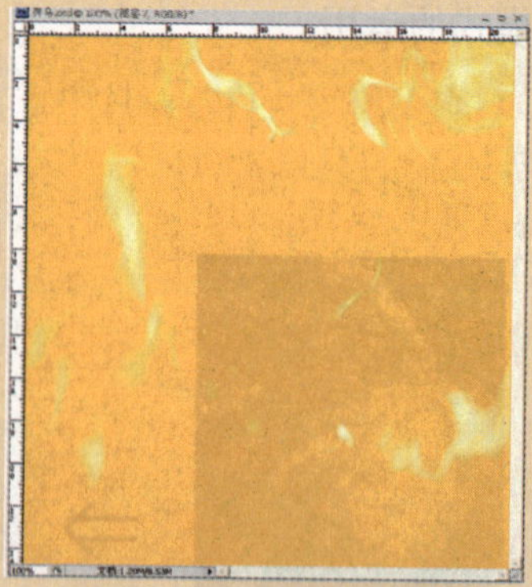

(4)打开“素材\模块六\任务二\路.jpg”文件并复制粘贴到“奔马.psd”文件中,为该图层重命名为“路”,如右图所示。

(5)为“路”图层设置图层混合模式为“颜色加深”,如下图所示。

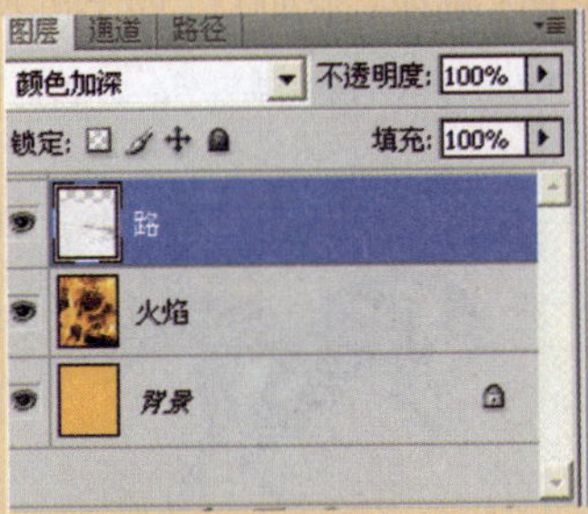

(6)打开“素材\模块六\任务二\奔马.jpg”文件并复制粘贴到“奔马.psd”文件中,将该图层重命名为“奔马1”,如右图所示。

(7)为“奔马1”图层设置图层混合模式为“正片叠底”,如下图所示。

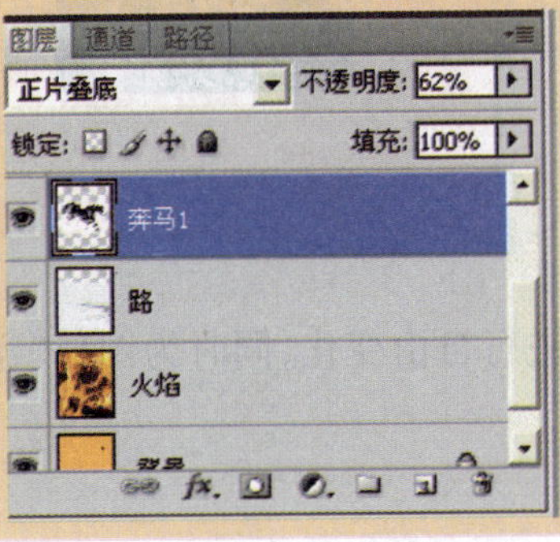

(8)用“魔术棒”工具选择“奔马”选区，并新建图层，命名为“奔马 2”，同时在该图层上为“奔马”选区填充颜色(255，0，0)，如右图所示。

(9)为图层“奔马 2”设置图层混合模式为“线性减淡(添加)”，如下图所示。

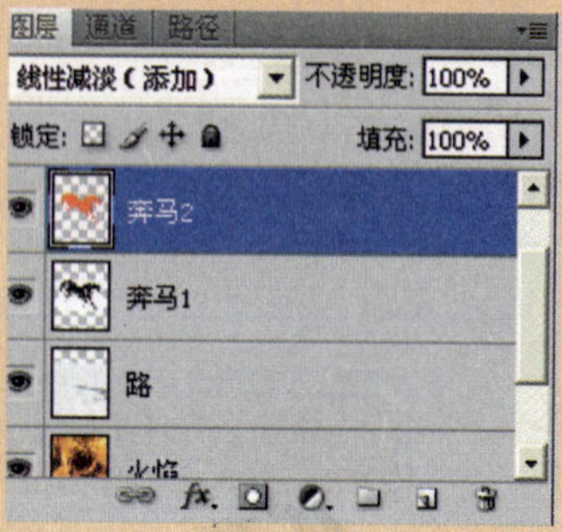

(10)打开“素材\模块六\任务二\漩涡.jpg”文件并复制粘贴到“奔马.psd”文件中，将该图层重命名为“漩涡”，如右图所示。

(11)使用“自由变换”工具对图层“漩涡”进行自由变化，同时为图层“漩涡”设置图层混合模式为“柔光”，如下图所示。

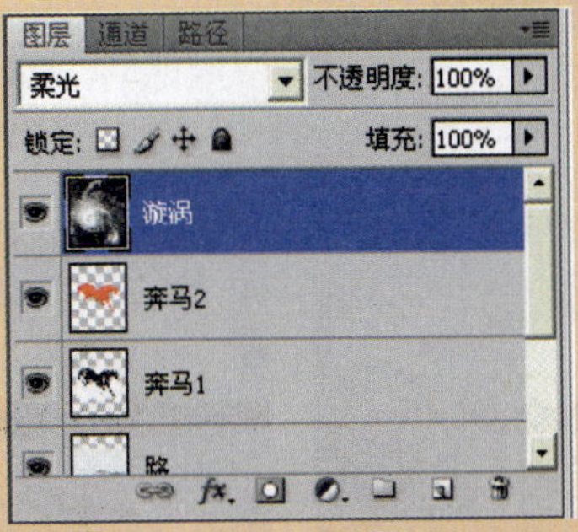

（12）调整“奔马 1”图层的不透明度为“62%”，调整“奔马 2”图层的不透明度为“72%”，如下图所示。

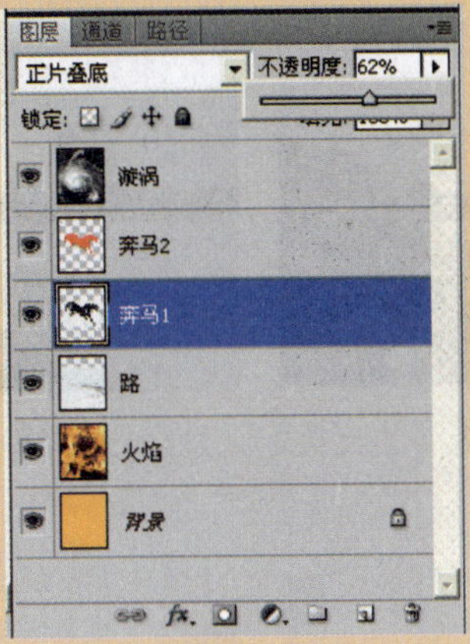

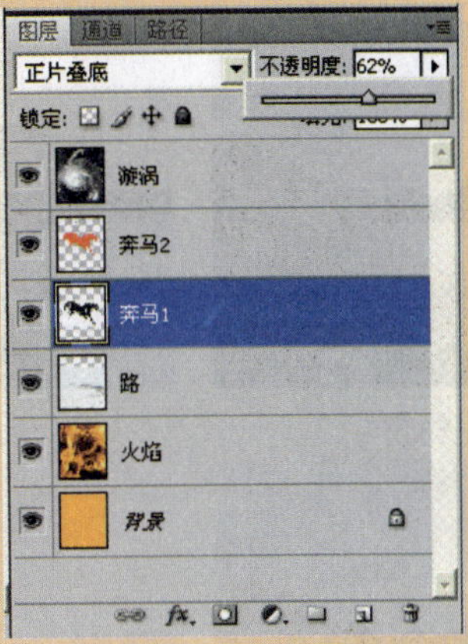

〔想一想〕

在上面的实例中，我们应用到哪些图层混合模式，以及各种混合模式所产生的效果是什么？

友情提示

1. 图层混合模式

图层混合模式是 Photoshop CS4 中最核心的功能之一，也是在图像处理中最为常用的一种技术手段。它决定了当前图层中的像素与其下面图层中的像素以何种模式进行混合，简称图层模式。使用图层混合模式可以创建各种图层特效，从而制作出充满创意的平面设计作品。

2. 基本概念

- 基色层：叠放次序位于下面的那个图层。
- 混合色层：叠放次序位于上面的那个图层。
- 基色：图像中原稿的颜色。

- 混合色：通过绘画或编辑工具应用的颜色。
- 结果色：混合后得到的颜色。

3. 图层混合模式的种类

正常

溶解

变暗

正片叠底

颜色加深

变暗

Darker Color

变亮

滤色

颜色减淡

线性减淡

Ligter Color

叠加

柔光

强光

亮光

线性光

点光

实色混合

差值

排除

色相

饱和度

颜色

〔做一做〕

利用素材分别验证各图层混合模式的效果，并把验证结论及体会记录下来。

任务三　制作“2011 年贺年卡”——图层样式的应用

■ 任务目标

本任务通过“2011 年贺年卡”的设计与制作，使读者了解图层样式、图层混合选项的广泛应用，以及图层样式与图像图层之间的区别。通过对该任务的学习，读者能更加充分地认识到图层在 Photoshop 中的重要地位和作用。

■ 作品分析

“2011 年贺年卡”的设计与制作。

原图

⇒

效果图

■ 操作步骤

(1)执行“文件/打开”命令，打开“素材\模块六\任务三\1. jpg”文件，如右图所示。

(2)使用“文字”工具并在文件中输入“2011”，设置字体为“Monotype Corsiva”，大小为“150 点”，颜色为白色，如右图所示。

(3)选择文字图层并单击“添加图层样式”按钮进入到“图层样式”对话框，如下图所示。

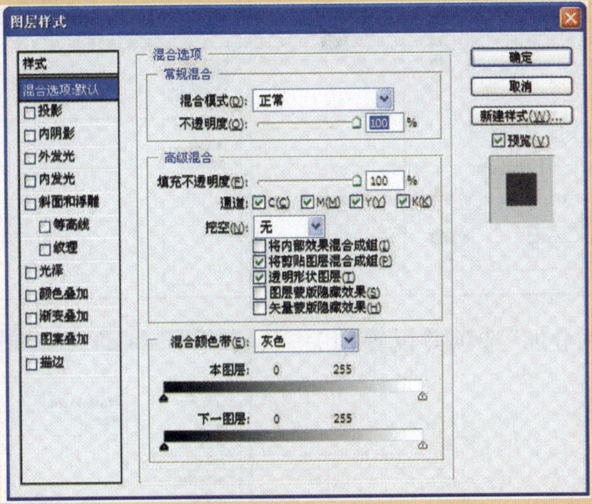

(4)在该对话框中勾选“投影”选项并设置相关参数，如下图所示。

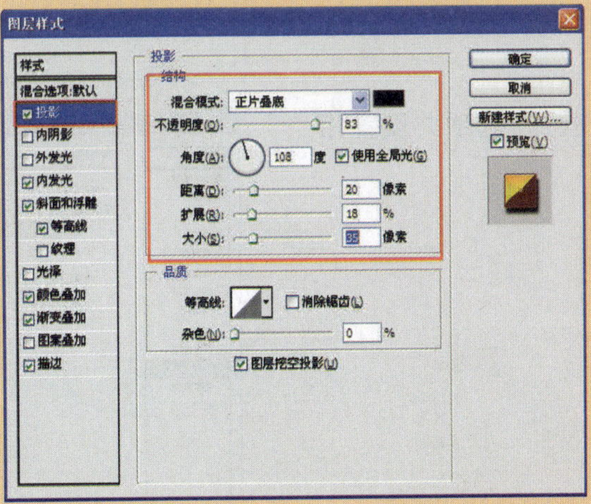

(5)勾选“内发光”选项并设置相关参数，如右图所示。

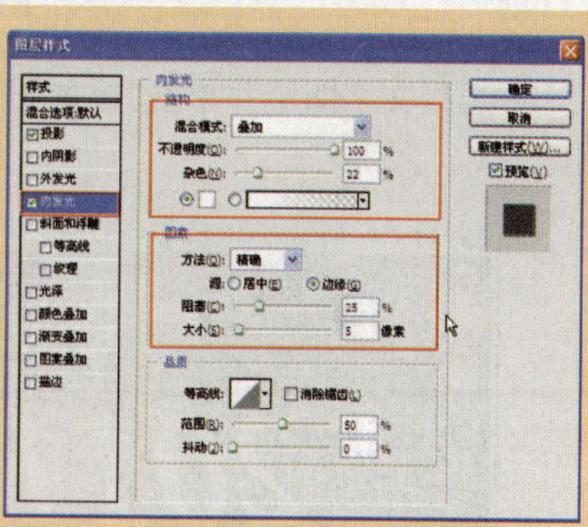

(6)勾选“斜面和浮雕”选项并设置相关参数，如下图所示。

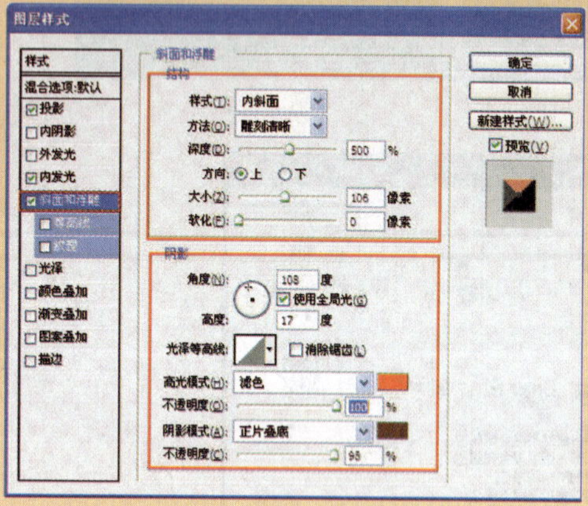

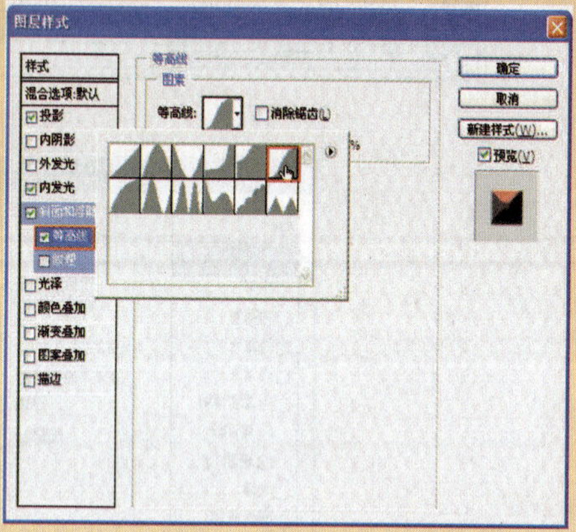

(7)勾选“颜色叠加”选项并设置相关参数，如右图所示。

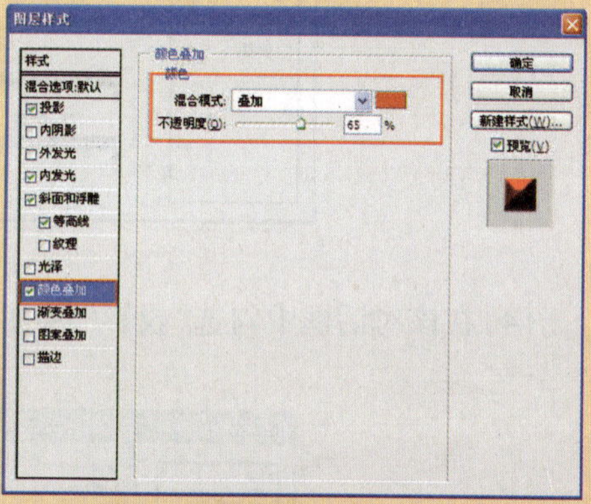

(8)勾选“渐变叠加”选项并设置相关参数，如右图所示。

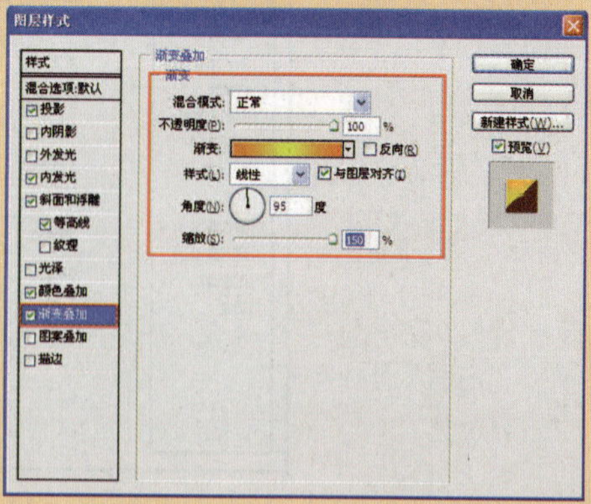

(9)勾选“描边”选项并设置相关参数,如右图所示。

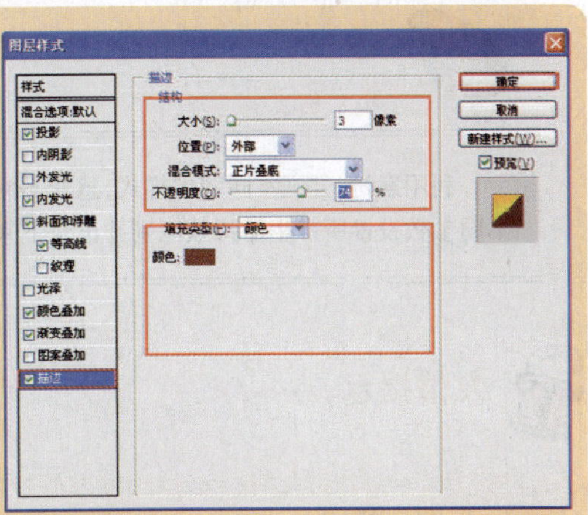

(10)单击“确定”按钮,效果如下图所示。

(11)执行“文件/打开”命令,打开“素材\模块六\任务三\2. psd”文件,如右图所示。

(12)调整图像的位置和大小做出贺年卡效果图。

[想一想]

根据所学并联系实际,简述图层样式在图像处理中的重要作用。

〔做一做〕

利用素材，尝试不同图层样式，感受不同图层样式的特殊效果，体会同一图层样式之间不同参数设置所产生的特效区别并记录下来。

友情提示

1. 图层样式

图层样式是 Photoshop CS4 中非常实用的一个功能，它能够对图层内容快速应用效果，大大简化了操作，还可以通过图层样式为图层添加阴影、发光、浮雕等一系列的特殊效果。

2. 图层样式面板

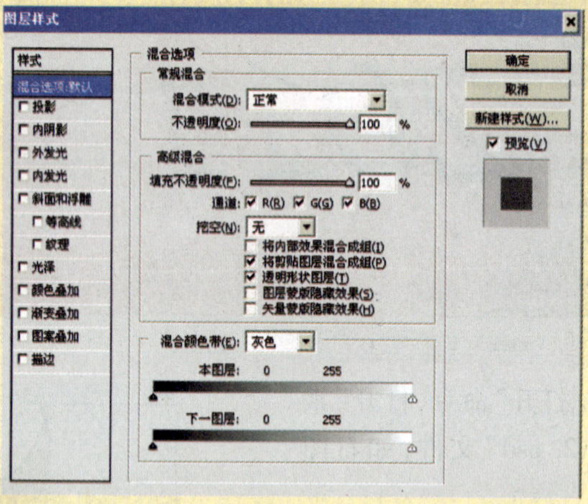

3. 图层样式的种类及效果

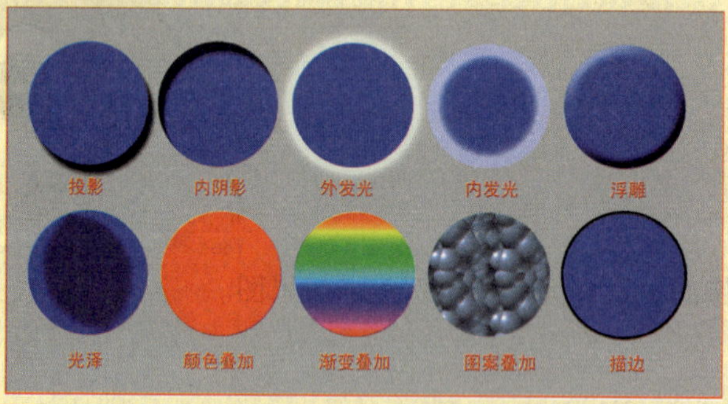

任务四　制作图片“沙漠幻境”
——蒙版的应用

■ 任务概述

本任务通过图片“沙漠幻境”的设计与制作，使读者了解一些特殊图层——蒙版的应用，充分认识到图层蒙版的概念以及特点，正确理解图层蒙版是如何通过黑白色以及在黑白之间的灰度来产生透明效果的。

■ 作品分析

图片运用图层蒙版的知识学习图层之间的融合关系。

原图

⇒

效果图

■ 制作步骤

（1）执行“文件/打开”命令，打开“素材\模块六\任务四\沙漠.jpg”并将其存储为“沙漠幻境.psd”文件，如下图所示。

（2）执行“文件/打开”命令，打开素材“素材\模块六\任务四\枯木.jpg”并复制粘贴到“沙漠幻境.psd”文件中，将该图层命名为“枯木”。

(3)使用"自由变换工具"调整"枯木"图层到适当大小,并移动到适当位置,得到如右图所示的图像。

(4)为"枯木"图层添加图层蒙版,即选中"枯木"图层后拖动该图层到图层面板下方的按钮上,如右图所示。

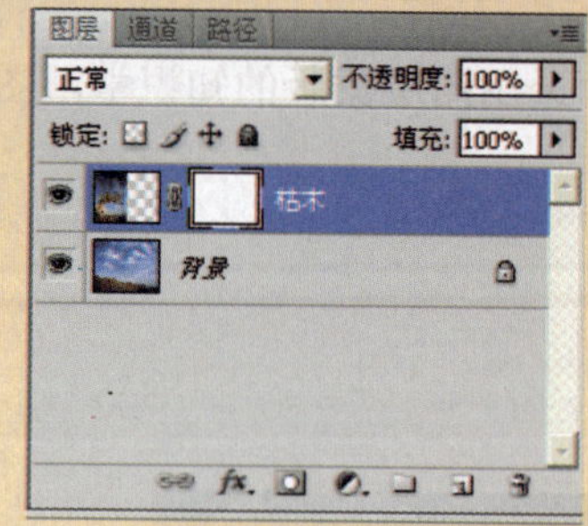

(5)设置前景色为黑色,背景色为白色。

(6)选中图层蒙版"枯木",然后使用"画笔"工具在"枯木"图层上涂抹(画笔参数可根据需要调整),效果如右图所示。

(7)执行"文件/打开"命令,打开"素材\模块六\任务四\幻境. jpg"并复制粘贴到"沙漠幻境. psd"文件中,将该图层命名为"幻境"。

(8)使用"自由变换工具"放缩"幻境"图层的大小,并将其移动到适当位置,如右图所示。

(9)为“幻境”图层添加图层蒙版，如右图所示。

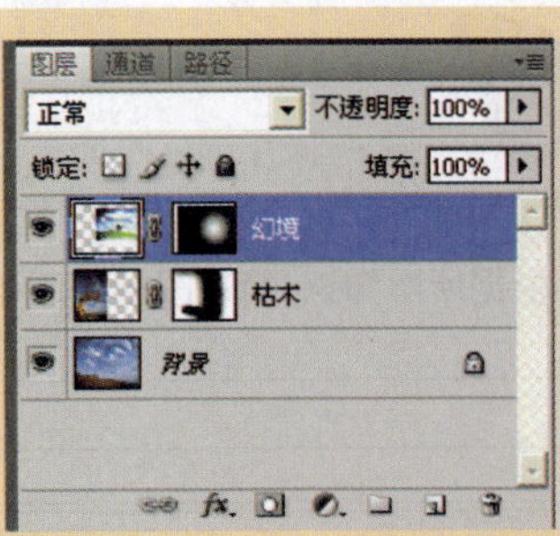

(10)使用“渐变”工具绘制蒙版区域，将“渐变”工具预设为黑白渐变、径向渐变，如下图所示。

(11)选中图层蒙版“幻境”后把鼠标放置于“幻境”图层的中心区域，然后拉一条直线（直线长度可根据需要而定），得到如右图像。

(12)使用“画笔”工具（画笔参数根据需要设定）在“幻境”图层的边缘涂抹，抹除比较生硬的边缘痕迹，使图层更加圆润、融合。

[想一想]

利用以上实例所学知识，谈一谈你对图层蒙版的认识。

[做一做]

根据所学知识，简述图层蒙版与图层混合模式、图层样式之间的异同之处。

____

____

友情提示

图层蒙版其实是将图层和通道的功能综合起来的一种手段，其实质就是在图层之间决定各个图层上的像素哪个应该隐藏，哪个应该显示，图层混合模式和图层样式也能做到这一点。图层蒙版和普通蒙版有着质的区别，图层蒙版是图层上的蒙版，蒙版不同区域的灰度值决定了图像对应区域的不透明度。在图层蒙版中，只要着色是黑色就表示透明，着色是白色就表示不透明，而灰色代表不同的不透明度。使用图层蒙版可更方便地对图像进行混合编辑，使图层与图层之间进行更好地融合，便于图像最终合成。

■ 自我测试

1. 填空题

(1) Photoshop CS4 中有______种图层混合模式。

(2) 根据各混合模式的基本功能，图层混合模式大致分为______类。

(3) 混合颜色带选择需要控制__________的通道，有灰色、红、黄、绿 4 个通道可供选择，若选择________，则按全色阶及通道混合整幅图像。

2. 选择题

(1) 在图层混合模式组中，(　　)模式组是由变暗与变亮模式组组合而成的，所以它的作用是增大图像的反差。

A. 差值　　B. 变暗　　C. 变亮　　D. 叠加

(2) 图层蒙版是图层上的蒙版，蒙版不同区域的(　　)决定了图像对应区域的不透明度。

A. RGB 值　　B. CMYK 值　　C. 灰度值　　D. Lab 值

3. 简答题

(1) 简述图层混合模式组种类和具体效果。

(2) 简述图层蒙版与图层、通道的关系。

(3) 图层蒙版和普通蒙版的本质区别是什么？

4. 操作题

运用图层混合模式和图层蒙版的知识做一张学校运动会的招贴画。

模块七

通道和蒙版的应用

【模块综述】

通道和蒙版是Photoshop软件中除图层、路径外的另两个重要命令。对于初学者来说，通道和蒙版属于比较难懂的概念，因此本模块将通过具体的实例来详细介绍通道和蒙版的有关内容，包括如何使用通道和蒙版对图像进行加工处理——通道和蒙版的基本概念，Alpha通道、色彩信息通道、专色通道、快速蒙版、矢量蒙版和图层蒙版等的基本操作，以便读者对它们有一个全面的认识。

学习完本模块后，你将能够：

- 掌握“Alpha通道”工具的运用。
- 掌握“图层蒙版”工具的运用。
- 掌握“快速蒙版”工具的运用。
- 掌握“矢量蒙版”工具的运用。

任务一　制作图片“霓虹灯”
——通道的使用(Alpha 通道)

■ 任务目标

通道的主要功能是保存图像的颜色、选中区域和透明度等信息。当一个选区以Alpha通道的形式保存后,它就可以被随时调用了,因此 Alpha 通道也可以当作选区的存储区域。

■ 作品分析

本任务将通过 Alpha 通道运用,将通道和图层进行转换以产生特殊效果。

原图

⇒

效果图

■ 操作步骤

(1)执行“文件/新建”(快捷键“Ctrl + N”),设置相关参数并填充黑色,如右图所示。

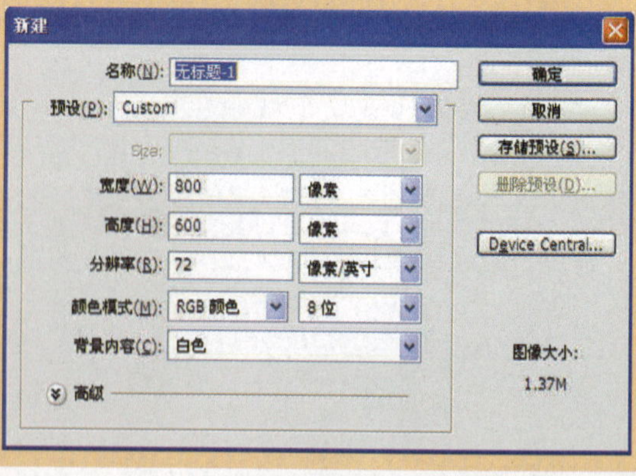

(2)选择通道面板并新建一个通道“Alpha 1”，如右图所示。

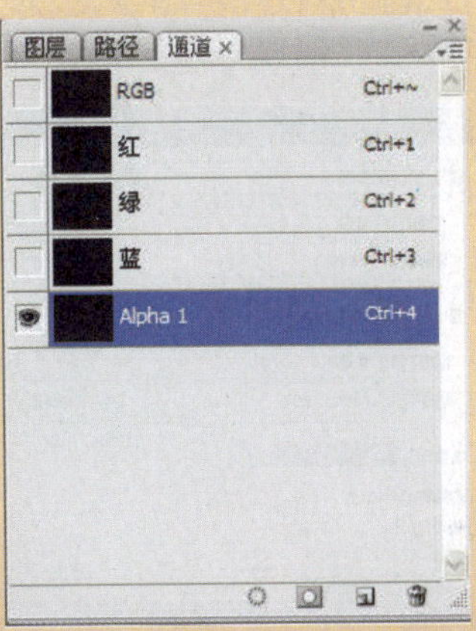

(3)在“Alpha 1”通道中输入文字“都市贝贝”。

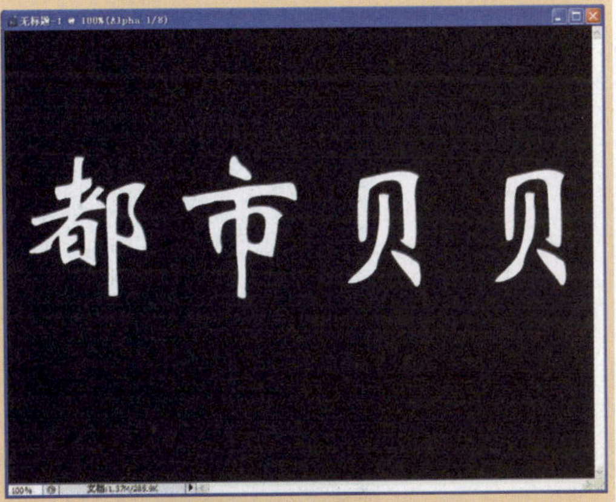

(4)将“Alpha 1”通道复制生成“Alpha 1 副本”通道，如右图所示。

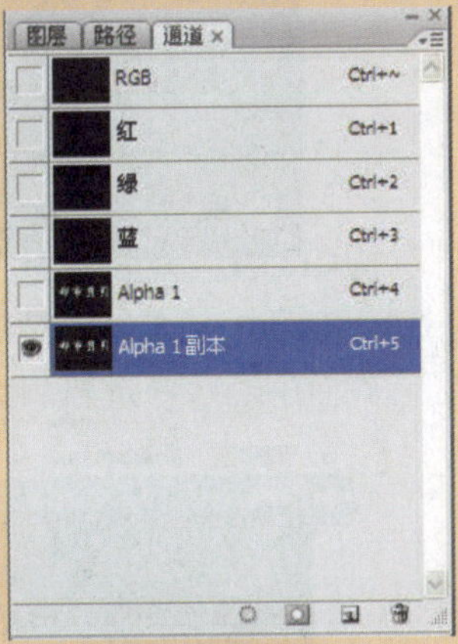

(5)执行“滤镜/模糊/高斯模糊”命令，设置半径为“3”，如右图所示。

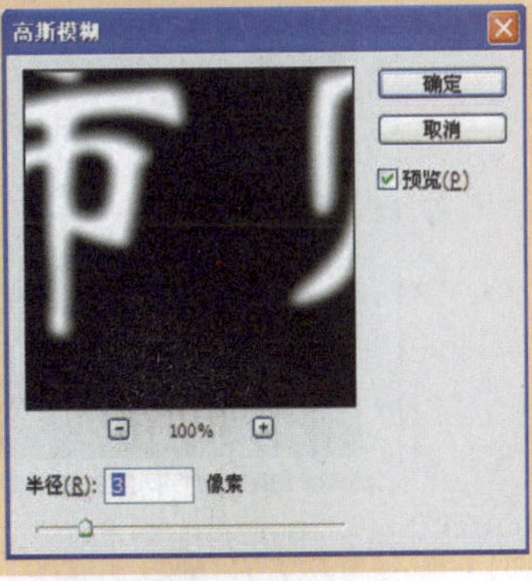

(6)执行“图像/计算”命令并设置相关参数,如下图所示。

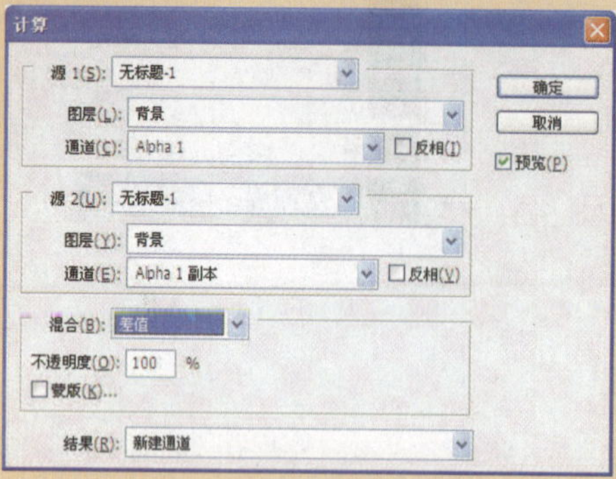

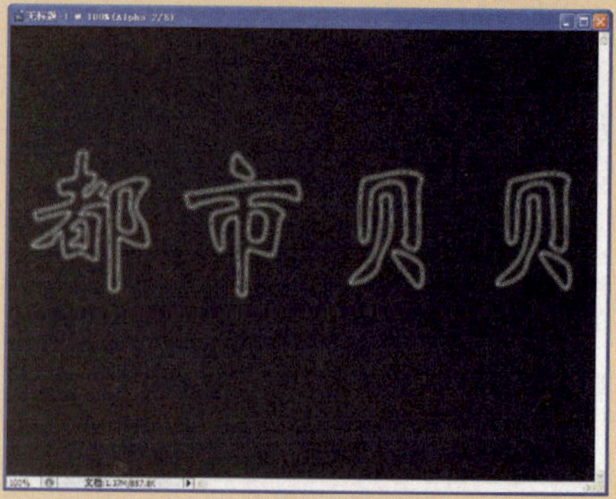

(7)用快捷键“Ctrl + A”全选 Alpha 1 后按快捷键“Ctrl + C” 进行复制,回到图层控制面板后用快捷键“Ctrl + V”进行粘贴生成“图层 1”,如下图所示。

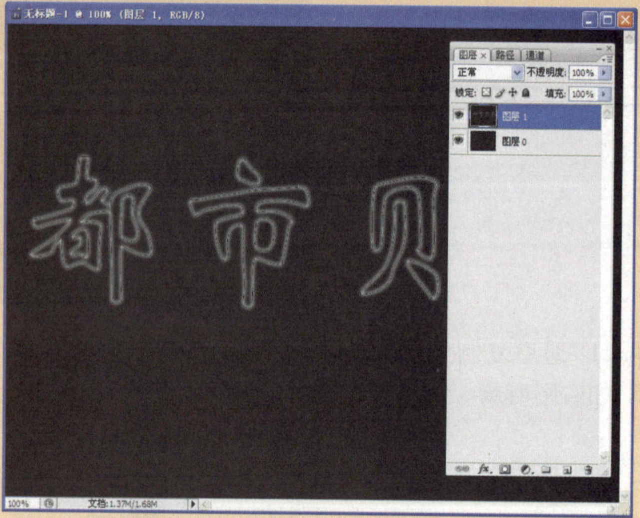

(8)在工具栏中选择“渐变”工具,将工具设置为“线性渐变/七彩渐变”,模式设置为“颜色” ,在“图层 1”中进行斜线填充,如下图所示。

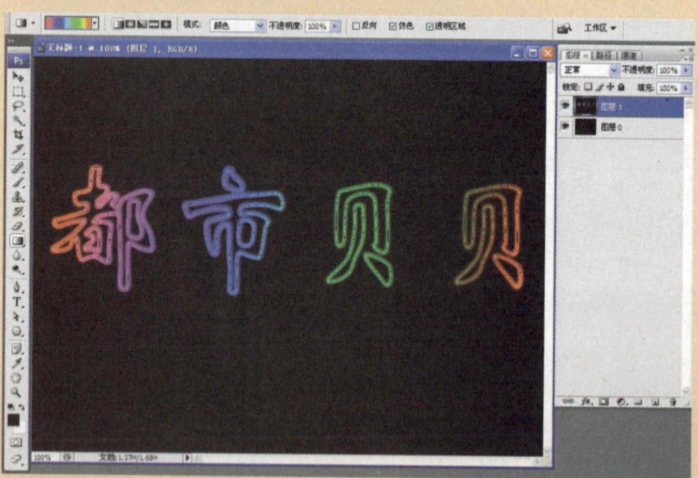

(9)在工具栏中选择“魔术棒”工具并单击“图层 1”中的黑色部分,如下图所示。

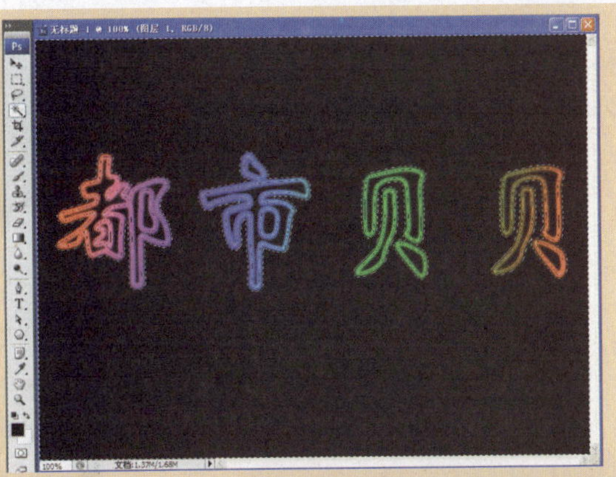

(10)执行“选择/选取相似”命令，再选择“图层 1”中所有黑色部分，如右图所示。

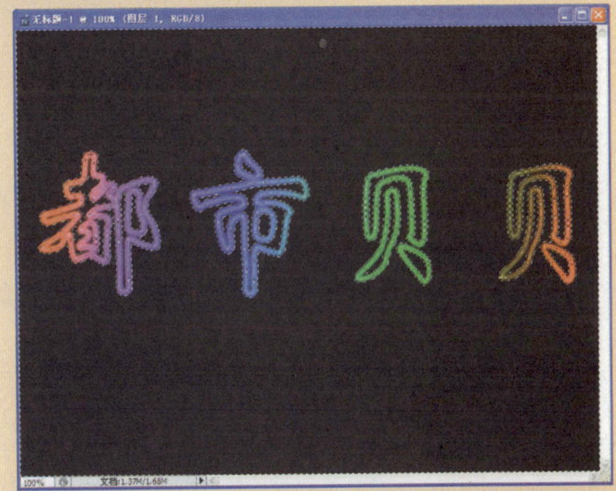

(11)执行“选择/反向”命令得到霓虹灯部分，如右图所示。

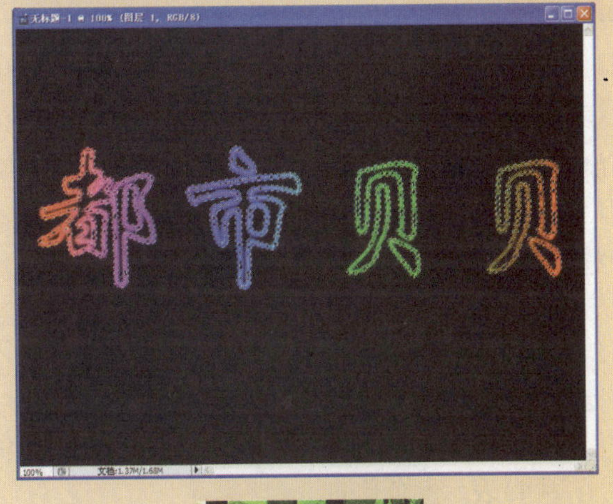

(12)执行“文件/打开”命令，打开“素材\模块七\任务一\1.jpg”文件，如右图所示。

(13)将霓虹灯移动到文件 1 中,用快捷键“Ctrl + T”调整其大小和位置,最终效果如右图所示。

[想一想]

在以上实例运用中,我们学习了哪些关于通道的知识?请你根据所学知识,谈一谈对图层和通道的认识。

友情提示

1. 通道的作用

通道记录了图像的大部分信息,这些信息从始至终与操作密切相关。具体看来,通道的作用主要有如下几点:

(1)表示选择区域,也就是白色代表的部分。利用通道,可以建立细如头发丝这样的精确选区。

(2)表示墨水强度。利用信息面板可以体会到这一点,不同的通道都可以用 256 级灰度来表示不同的亮度。在红色通道里的一个纯红色的点,在黑色通道上显示就是纯黑色,即亮度为 0。

(3)表示不透明度。可以利用这一点来制作图像的渐隐效果,合成图像。

(4)表示颜色信息。

2. 通道的分类

- 颜色信息通道:打开图像时自动创建,图像的颜色模式决定了所创建的颜色通道的数目,包括单色通道和复合通道。
- Alpha 通道:将选区存储为灰度图像。可以通过添加 Alpha 通道来创建和存储蒙版,这些蒙版可用于处理或保护图像的某些部分。
- 专色通道:用于专色油墨印刷的附加印版。

3. 通道控制面板

通道控制面板可以用于创建和管理通道,并可直观地查看图像的编辑效果。通道的各种操作都可以在通道面板中进行。执行“窗口/通道”命令,即可打开通道面板。

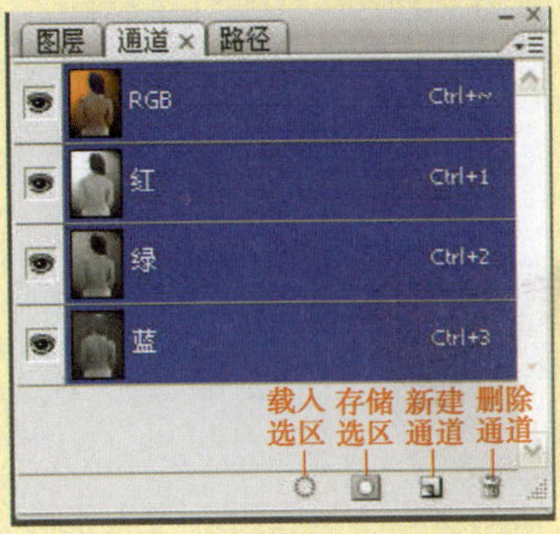

- 载入选区:用于调出当前通道所保存的选区。
- 存储选区:当前图像保存在选区下时,单击该按钮,可以将当前选区保存为 Alpha 通道。
- 新建通道:用于创建一个新的 Alpha 通道。
- 删除通道:用于删除当前选择的通道。

〔知识窗〕

专色通道:一般印刷是采用 CMYK 4 色印刷,专色印刷是为了弥补印刷时的不足而采用的一种方法。专色是单独配制的,它是由专色油墨提供印刷色,打印时可以单独输出。

专色油墨:是一种预先混合好的特定彩色油墨,可用来替代或 补充印刷色(CMYK)油墨,如明亮的橙色、绿色、荧光色、金属金银色油墨等,或者可以 是烫金版、凹凸版等,还可以作为局部光油版等。专色意味着准确的颜色,它不是靠 CMYK 4 色混合出来的,每种专色在印刷时要求使用专用的印版(可以简单理解为一副专色胶片,印刷时为专色单独晒版)。

任务二　制作图片“海怒”——图层蒙版

■ 任务目标

图层蒙版用于保护图像的选区。被蒙版遮蔽的区域不会受到编辑操作的影响,它在蒙版中进行操作和编辑后,可以转换为选区应用到图像中。在选取过程中,图层蒙版还可以将部分图像处理为透明或半透明效果。

■ 作品分析

本任务将通过图层蒙版运用，将图层进行融合以产生特殊效果。

原图

⇒

效果图

■ 操作步骤

(1)执行“文件/打开”命令，打开“素材\模块七\任务二\漩涡.jpg”、“素材\模块七\任务二\乌云.jpg”文件，如下图所示。

(2)将文件“漩涡.jpg”复制到文件“乌云.jpg”当中，用快捷键“Ctrl + T”调节其大小，再调整其“色相/饱和度”，如右图所示。

(3)在图层面板中单击“添加图层蒙版”按钮，如右图所示。

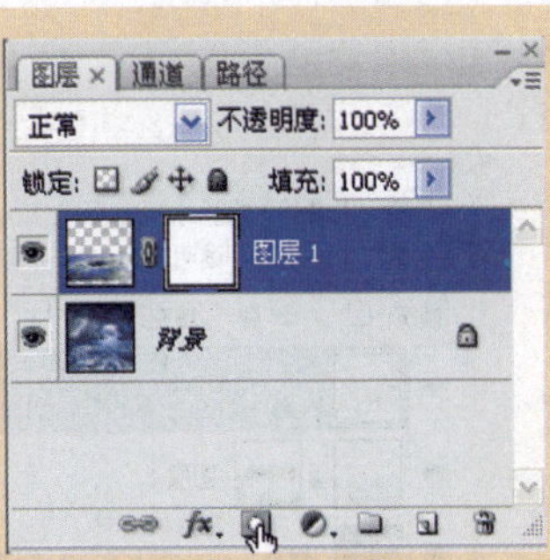

(4)选择“画笔”工具，调整画笔大小，设置前景色为黑色，如下图所示。

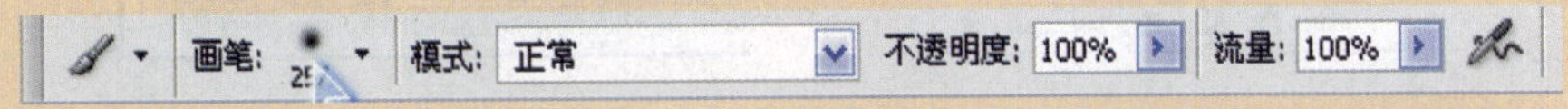

(5)在图层蒙版中进行涂抹，如下图所示。

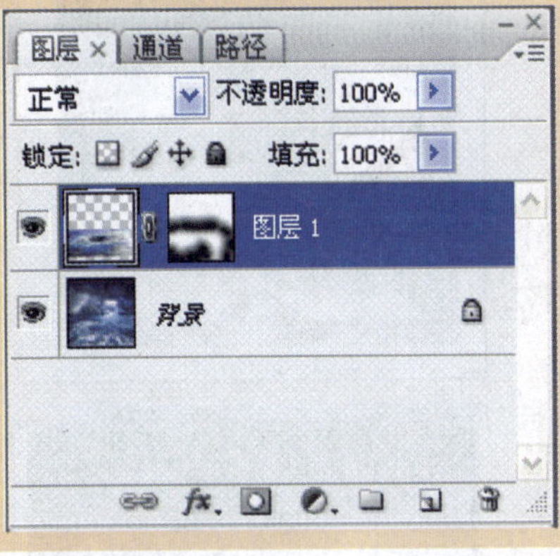

友情提示

在图层蒙版中进行涂抹，当前景色为黑色时将隐藏涂抹部分，当前景色为白色时将恢复涂抹部分。

(6)执行“文件/打开”命令，打开“素材\模块七\任务二\轮船.jpg” 文件，如右图所示。

(7)将文件“轮船.jpg”复制到文件“乌云.jpg”当中，按快捷键“Ctrl + T”调整其大小和位置，如下图所示。

(8)重复步骤(3)、(4)、(5),隐藏轮船图案的多余部分,如右图所示。

(9)调整轮船图案的“色相/饱和度”,如右图所示。

〔想一想〕

通过以上学习过的图层蒙版知识,请思考图层蒙版中白色和黑色的关系。

友情提示

图层蒙版可以理解为在当前图层上面覆盖的一层“玻璃片”,这种“玻璃片”可分为透明的和黑色不透明的,前者显示全部,后者隐藏部分。蒙版中,涂黑色的地方变为不透明而看不见当前图层的图像；涂白色则使涂色部分变为透明可看到当前图层上的图像；涂灰色使蒙版变为半透明，透明的程度由涂色的灰读深浅决定。

（1）蒙版虽然是一种选区，但它跟常规的选区颇为不同。常规的选区表现了一种操作趋向，即将对所选区域进行处理；而蒙版却相反，它是对所选区域进行保护，让其免于操作，而对非掩盖的地方应用操作。

（2）Photoshop CS4 中的图层蒙版只能用黑白色及其中间的过渡色（灰色）。蒙版中的黑色表示蒙住当前图层的内容，显示当前图层下面的层的内容；蒙版中的白色则是显示当前层的内容；蒙版中的灰色则是半透明状，前图层下面的层的内容若隐若现。

〔知识窗〕

Photoshop CS4 蒙版是将不同灰度色值转化为不同的透明度，并作用到它所在的图层，使图层不同部位透明度产生相应的变化。黑色为完全透明，白色为完全不透明。

Photoshop 蒙版的优点：

（1）修改方便，不会因为使用“橡皮擦”工具或剪切删除失误而造成不可挽回的遗憾。

（2）可运用不同滤镜，产生一些意想不到的特效。

（3）任何一张灰度图都可用为蒙版。

任务三　美化皮肤——快速蒙版的运用

■ 任务目标

作为蒙版工具之一的快速蒙版，其作用是提供一个快速方便的编辑选区工具，可通过画笔在快速蒙版上添加、删除选区，通过单击工具栏下面的“以快速蒙版模式编辑”按钮即可进入快速蒙版编辑状态（快捷键“q”）。本任务通过美化皮肤的例子来认识快速蒙版的运用。

■ 作品分析

本任务使用快速蒙版选取图中的皮肤部分，对选好的皮肤区域进行模糊处理，以达到美肤的效果。

原图

效果图

■ 操作步骤

（1）执行“文件/打开”命令，打开“素材\模块七\任务三\人像. jpg” 文件，如右图所示。

（2）按快捷键“Ctrl + J”复制图层 1，再选择“仿制图章”工具把面部的斑点清除掉，注意调整画笔大小，如下图所示。

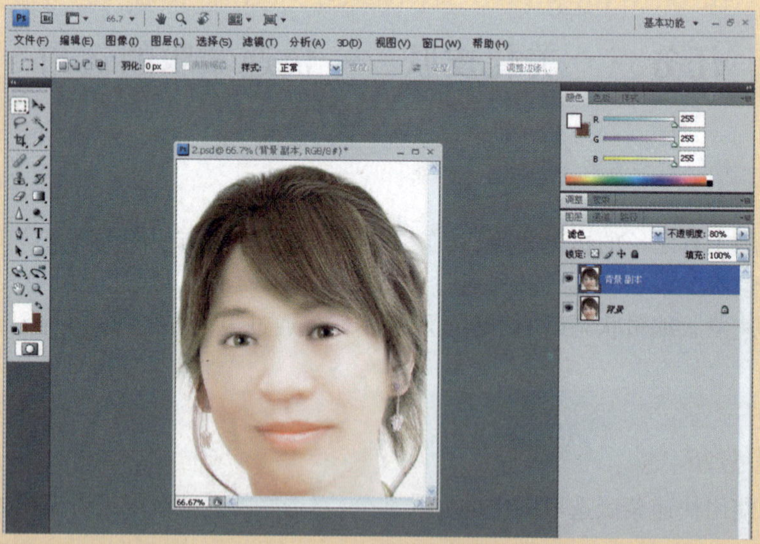

（3）单击工具栏中快速蒙版的切换按钮，切换到快速蒙版编辑状态。保持前景色为黑色，使用大号的画笔在人物面部皮肤区域涂抹，如下图所示。

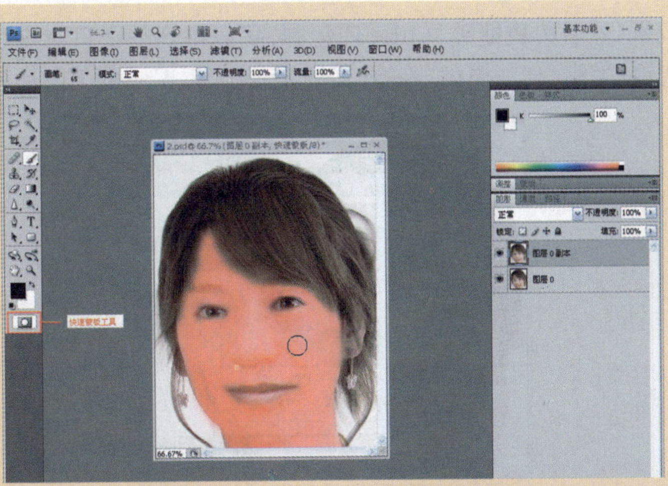

(4)把前景色变为白色,使用小号软画笔在人物的眉毛、眼睛、鼻子轮廓等不属于皮肤的区域涂抹,如右图所示。

切换到通道可查看有没有漏涂的地方,若有,则在漏涂的区域再接着涂抹。

(5)选择通道中的 RGB 通道,恢复到原来的状态,再单击按钮退出快速蒙版。这时出现选区,但选中的是皮肤外区域,如右图所示。

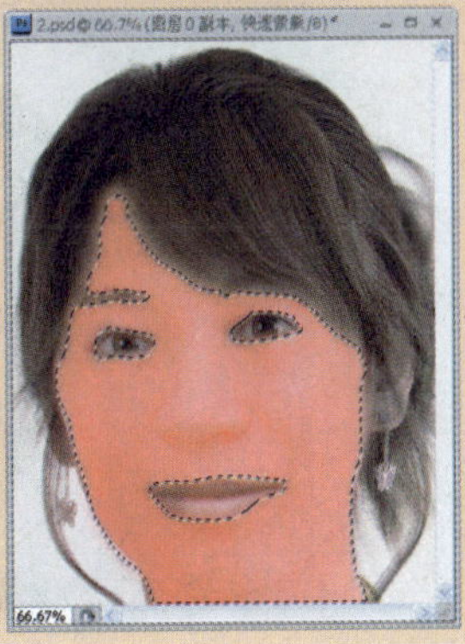

(6)执行反选,然后按快捷键“Ctrl + J”复制,我们得到一个只有皮肤的图层 2。对图层 2 执行“滤镜/模糊/高斯模糊”命令,设置半径为“3.6”, 如下图所示。

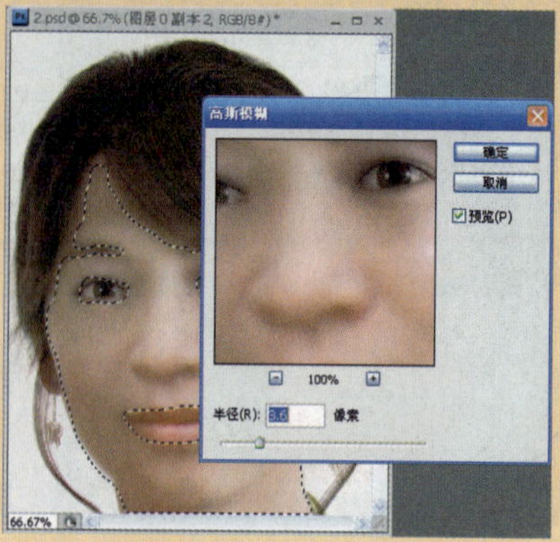

(7)这时图中的皮肤看起来有点假,我们可把模糊后的皮肤层的不透明度调整为 70% ,使皮肤看起来比较自然。至此,利用快速蒙版选取皮肤区域进行磨皮的工作就完成了。

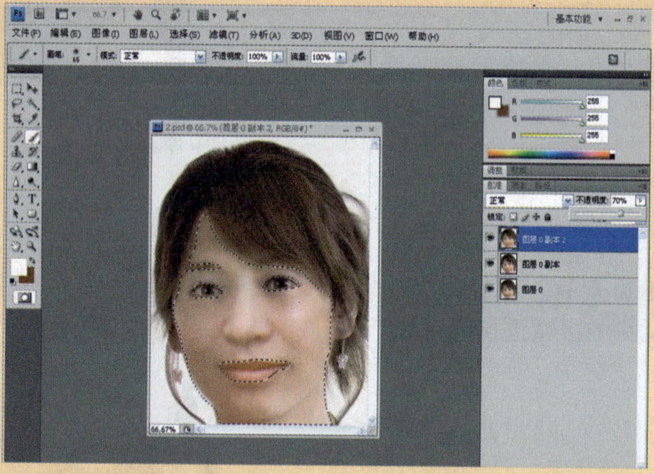

(8)按快捷键“Ctrl + J”复制合并后的图层生成图层 1,把上层的混合模式设为“滤色”,把图像提亮。透明度调整为 80% ,保存文件,如下图所示。

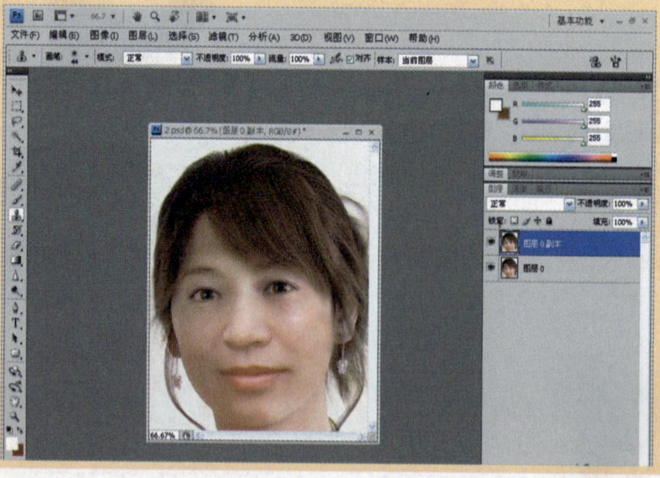

〔做一做〕

找一张自己的照片，进行皮肤的美化。

友情提示

1. 创建快速蒙版

在图像中单击工具箱中的"以快速蒙版模式编辑"按钮，可进入快速蒙版状态，使用"画笔"工具可以对图像选区进行修改，修改完成后再次单击"以快速蒙版模式编辑"按钮，可切换到选区正常编辑模式。

开启快速蒙版就可以看到好像是一张半透明薄膜覆盖在图像中的选区之上，各个像素上的透明度表明像素被选择的程度。蒙版的默认颜色是红色，也可以改变为其他任何颜色。选择的像素越少，像素被蒙版遮掩的就越多，全部选择的像素则是完全清晰的。在快速蒙版模式下，许多图像处理是在选区通道上操作，而不是图像本身，用白色涂画使得被画的像素被选中；黑色涂画则使其未选中。

2. 快速蒙版属性

用鼠标右键单击快速蒙版按钮可以看到两个快速蒙版的属性。

(1)正常情况下，快速蒙版显示未选中区域被蒙版遮蔽，而选中区域则是清晰的，但可以通过选"遮蔽选中区域"而不是默认的"遮蔽未选中区域"来对其颠倒。

(2)当选"配置颜色和不透明度"时，就会显示一个可用来改变默认值(红色和50%不透明度)的对话框。

〔知识窗〕

(1)快速蒙版可以通过选区来转换。

(2)快速蒙版可以用笔刷来精确画出选区。

(3)可以对快速蒙版执行各种滤镜效果，以产生具有特殊效果的选区。

(4)快速蒙版是临时的，要储存选区，必须借助于通道。

任务四　打造长焦大光圈浅景深效果
——矢量蒙版的运用

■ 任务目标

矢量蒙版，就是在蒙版上只能进行路径操作。本任务通过矢量蒙版和渐变的运用在背景上实现由近到远越来越模糊的效果。

■ 作品分析

本任务使用矢量蒙版调节背景，得到模糊背景区域、打造长焦大光圈浅景深的效果。

原图

⇒

效果图

■ 操作步骤

（1）执行“文件/打开”命令，打开“素材\模块七\任务四\1. jpg” 文件，如右图所示。

（2）按快捷键 “Ctrl + J”两次，把背景图层复制两份，选择图层 1，按组合键“Shift + Ctrl + N”新建一图层并填充白色，如下图所示。

友情提示

图层 1 副本是为抠图或者作选区所用，图层 2 是为了便于查看抠图的效果，图层 1 是实现最终效果的图层。

(3) 选择图层 1 副本，使用“钢笔”工具以第二种绘制路径方式精细勾出狮子图案的路径。绘制的时候可将图像放大数倍，以便绘制路径，如下图所示。

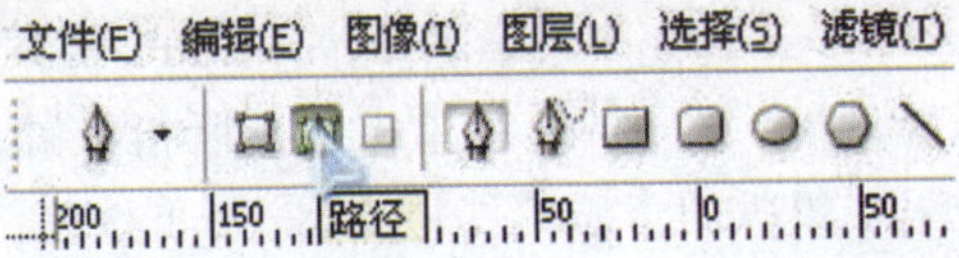

(4)绘制完成后，执行“图层/图层蒙版/全部显示”命令，为图层1副本添加白色图层蒙版，如右图所示。

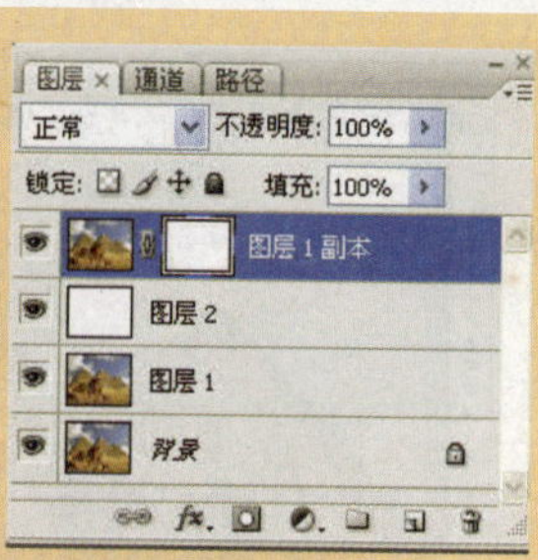

(5)单击图层面板下的“添加矢量蒙版”按钮，如下图所示。

(6)选择图层1并设置为显示，其他图层隐藏。按住“Ctrl”键并单击图层1副本的适量蒙版缩略图，显示选择流动框。按住 Alt 键单击鼠标所指位置，添加图层蒙版（在这里按住“Alt”键单击添加图层蒙版的意思是隐藏选区，若不按住“Alt”键则为显示选区），如下图所示。

(7)按住“Ctrl”键单击图层1的图层蒙版缩略图，出现选择流动框。使用“黑白渐变”工具，选择线性渐变的方式，渐变工具选项栏设置不透明度为“100%”，勾选“仿色”和“透明区域”，不要勾选“反相”，由下至上画一直线，效果如下图所示。

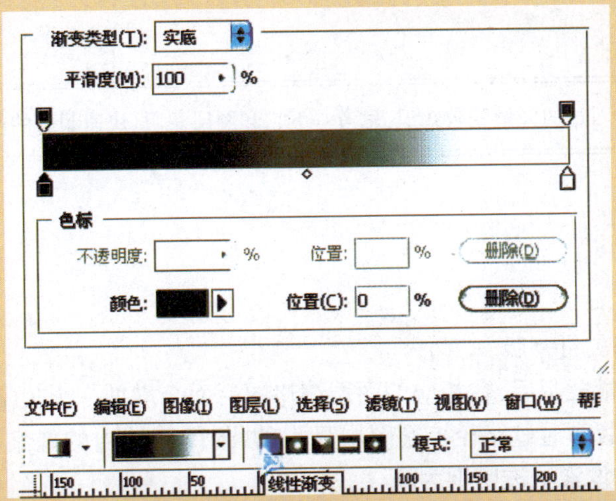

注意：使用“渐变”工具画直线的时候选择的应该是图层1的图层蒙版而不是图层1。在过程中，请大家注意看图层调板的图层结构和图层选择。

(8)显示图层1副本和图层2，并将图层2移动到图层1下方，如下图所示。

[想一想]

通过以上学习过的矢量蒙版知识,思考一下它和图层蒙版、快速蒙版的使用区别。

友情提示

1. 如何控制矢量蒙版

(1)添加矢量蒙版后,在相应的图层缩略图后面会增加一个矢量蒙版缩略图。

(2)矢量蒙版是通过路径控制图层显隐的,封闭区域内的像素不透明度为1,封闭区域以外的像素不透明度为0。

(3)矢量蒙版其实就是一条路径,因此可以利用编辑路径的方法对其进行编辑,可以任意放大或缩小而不会影响清晰度。

2. 图层蒙版和矢量蒙版的联系

在图层蒙版上,我们可以用白色画笔涂抹而让画面显示出来,也可以用黑色画笔涂抹而让另一部分画面不显示。但是,如果我们想要显示的这部分要用形状来表现,而且还想要随时进行改变的话就要用到矢量蒙版了。按住Ctrl键去单击"添加蒙版"按钮,这时出现的就是矢量蒙版而不是图层蒙版了,可以在上面画路径。路径包围的部分是可以显示的,而且路径是可以随时修改的。矢量蒙版在外观上跟图层蒙版不同的地方是,被蒙住的地方是灰色的而不是黑色的。有时还可以把图层蒙版和矢量蒙版结合起来使用,使其有着更丰富的表现力。

[知识窗]

图层蒙版、快速蒙版、矢量蒙版尽管分别属于不同的蒙版类别,但其作用对象都是图层。需要特别指出的是,不论蒙版如何应用,其实都是基于灰度图中的一种关键信息——灰阶。用于遮挡时,蒙版灰阶值越大,目标图层显现的程度越大,也即目标图层的不透明度越大;反之,蒙版灰阶值越低,目标图层显现的程度越低,也即目标图层的不透明度越小。

自我测试

1. 填空题

(1)通道大体分为________、________、和________三类。

(2)通道用于保存图像颜色信息,单个颜色通道以灰度图像来显示的是________通道。

(3) 通过“路径选择”工具创建图形在图像中形成具有特殊形状的蒙版称为________。

2. 选择题

(1) 在 Photoshop CS4 中哪种通道名称不正确？(　　)。

A. 颜色通道　　B. Alpha 通道　　C. 专色通道　　D. 单色通道

(2) Alpha 通道最主要的用途是(　　)。

A. 保存图像色彩信息

B. 保存图像未修改前的状态

C. 用来存储和建立选择范围

3. 简答题

(1) 在 Photoshop CS4 中，通道的主要作用是什么？

(2) 用什么颜色的画笔可以去掉蒙版？用什么颜色的画笔可以增加蒙版？

(3) 为什么在蒙版上画不出彩色？

4. 操作题

自己收集素材，运用所学的通道和蒙版知识做一张关于环境保护的招贴画。

模块八
滤镜的应用

【模块综述】

滤镜主要用来实现图像的各种特殊效果。滤镜的操作是非常简单的，使用时只需要从“滤镜”菜单中执行命令即可。但是真正用起来却需要具有很丰富的想象力同通道、图层等联合使用，才能取得最佳艺术效果。在本模块中，我们通过制作“早晨”、“变形水果”和“特效文字”几幅图片来了解滤镜的使用方法。

学习完本模块后，你将能够：

- 了解滤镜的种类与作用。
- 掌握滤镜的使用方法。
- 了解液化的使用。
- 掌握滤镜在文字中的运用。

任务一　制作图片“早晨”
——滤镜综合应用

■ 任务目标

通过把一幅普通的树林图改成早晨林间仙境的效果图来掌握如何使用“模糊”、“滤镜库”、“渲染”等滤镜，从而掌握滤镜的基本操作。

■ 作品分析

本任务将通过渲染、高斯模糊、镜头光晕等滤镜设置出清晨的景色。

原图

效果图

■ 操作步骤

（1）执行“文件/打开”命令，打开“素材\模块八\任务一\早晨.jpg”文件，如右图所示。

（2）选择天空图案，将前景色调成蓝色，执行“滤镜/渲染/云彩”命令，把天空图案调整成蓝天白云图案，按快捷键“Ctrl + F”重复上次滤镜，多变幻几次以达到效果，如右图所示。

(3)新建图层，用“多边形套索”工具画出选区，并将其填充成白色，再将该图层命名为“日光”，如右图所示。

(4)选择图层“日光”，执行“滤镜/模糊/高斯模糊”命令，以进行透明和模糊化处理，如下图所示。

(5)选择背景层，选出花的图案作为选区，执行“滤镜/滤镜库”命令，再选择“扭曲/扩散亮光”选项，使选区产生雾化效果，如下图所示。

(6)选择背景层，执行“滤镜/渲染/镜头光晕”命令，将光晕中心放在树梢以制作出光源。至此，制作完成，如下图所示。

〔想一想〕

设置光线的模糊还有其他方法吗？怎么做？

友情提示

使用"滤镜库"可以累加地套用滤镜，也可以重复多次个别滤镜效果，并且为套用的滤镜提供缩略图。其使用方法是：

(1)选取滤镜，设置选项。

(2)单击调板底部的"新建效果"按钮。

(3)在效果清单中单击眼睛图标可以暂时隐藏效果。

(4)在效果清单中拖动可以重新排列使用的滤镜。

〔知识窗〕

滤镜使用性能

因为有些滤镜完全在内存中处理，所以内存的容量对滤镜的生成速度影响较大。为提高 Photoshop 对滤镜使用的工作效率，应遵循以下原则：

(1)选取图像的一小部分试验滤镜效果。

(2)如果图像很大且有内存不足的问题时，可将效果只应用于单个通道。

〔做一做〕

打开素材"自测题素材\模块八\任务一\1. jpg"文件，使用滤镜库里的纹理化效果，把图片制作成麻布效果。

原图

⇒

效果图

任务二　制作图片“冰激凌溶化了”
——“液化”滤镜的综合应用

■ 任务目标

“液化”滤镜的效果就是使图像像被溶化了一样可进行变形、旋转、扭曲、扩展等操作，是一种非常直观和方便的图像调整方式。在本任务里，我们通过把冰激凌图案做成溶化的效果，以此来了解“液化”滤镜的使用方法。

■ 作品分析

本任务将通过“滤镜液化”工具的运用制作出冰激凌溶化的效果。

原图

⇒

效果图

■ 操作步骤

(1)执行“文件/打开”命令，打开“素材\模块八\任务二\冰激凌.jpg”文件，如右图所示。

(2)选出冰激凌图案作为选区，执行“图层/新建/通过剪切的图层”命令(快捷键“Ctrl + Shift + J”)，把冰激凌图案作为一个单独的图层并更名为“冰激凌”，如右图所示。

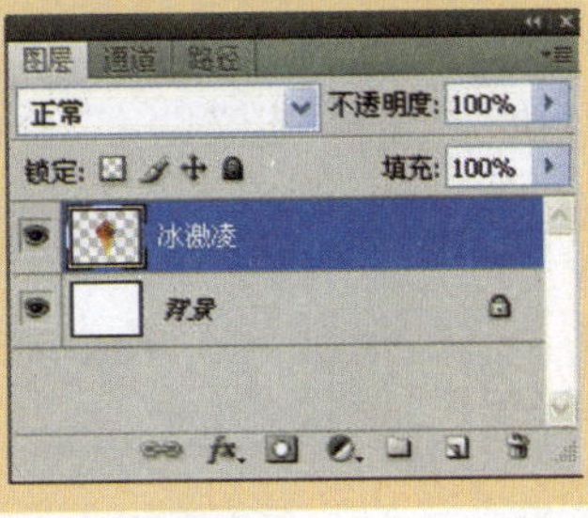

（3）新建文件命名为“雪花”，如下图所示。

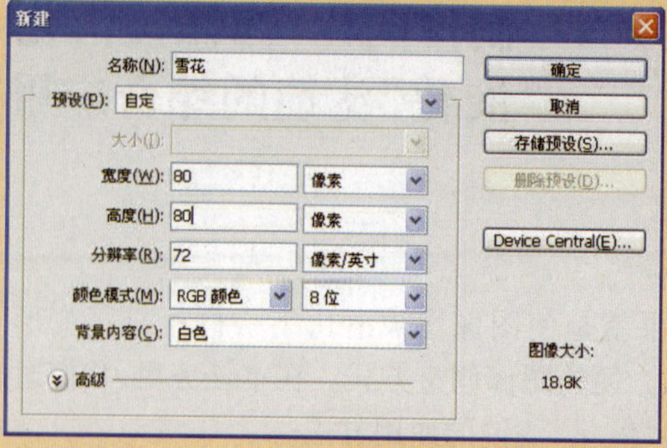

（4）选用“自定形状”工具画一个雪花图案并填充为蓝绿色，如右图所示。

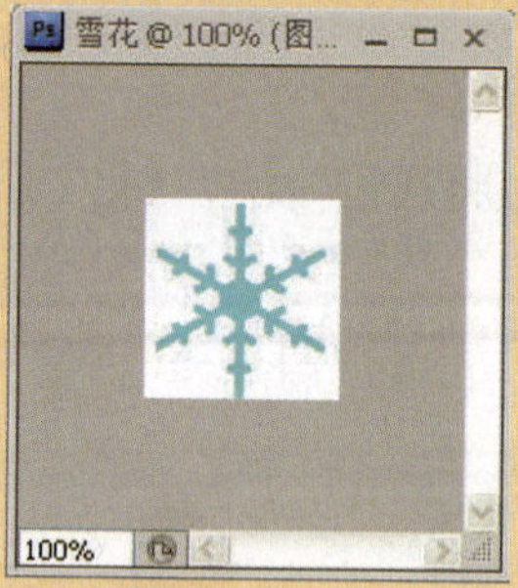

（5）执行“滤镜\液化”命令，弹出“液化”对话框，选择“顺时针旋转扭曲”工具 ，对准雪花的中心按住鼠标左键直至旋转到合适的位置才释放鼠标，单击“确定”按钮，如下图所示。

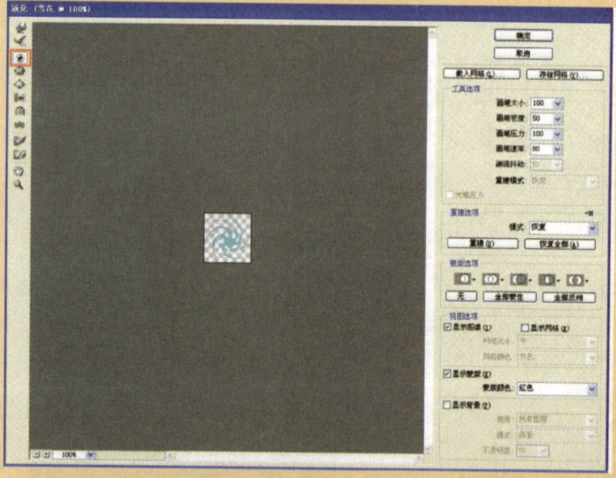

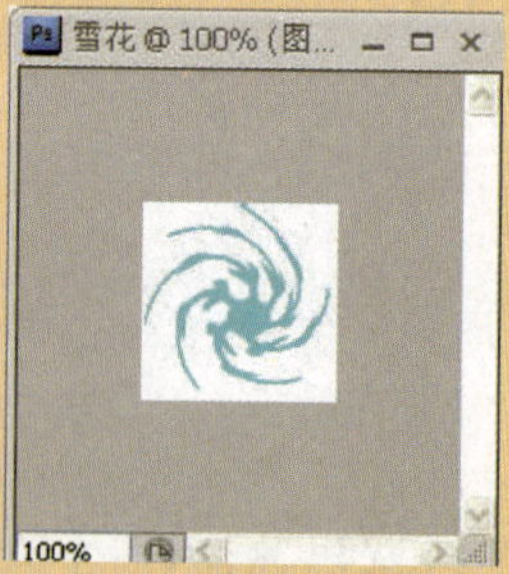

（6）执行“编辑/定义图案”命令，把图案名称命名为“雪花”，如下图所示。

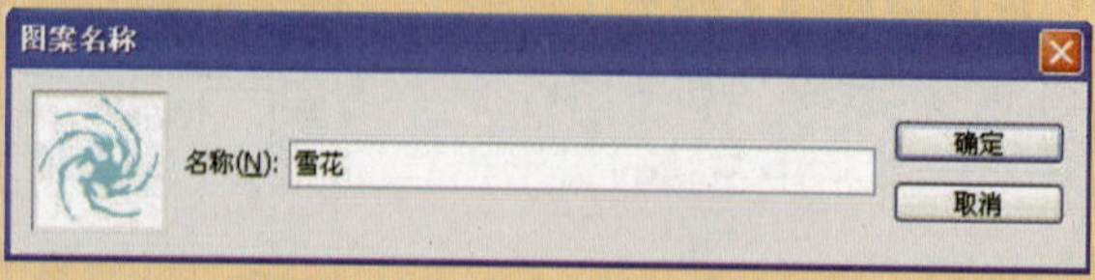

(7)选择“冰激凌”背景层，执行“编辑/填充”命令，弹出“填充”对话框，将“使用”设置为“图案”，选择雪花图案，如右图所示。

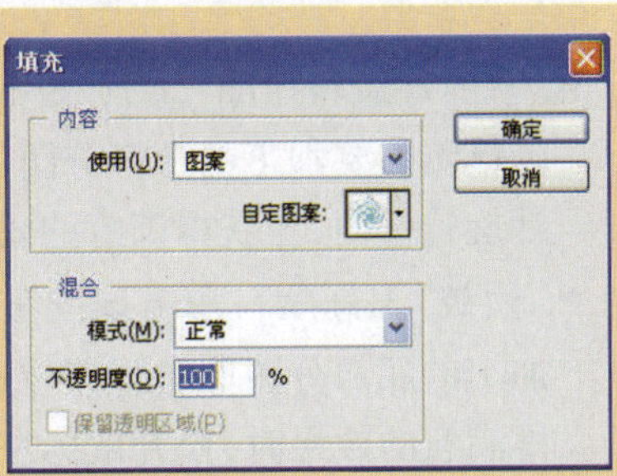

(8)单击“确定”按钮后，背景就设置好了，如右图所示。

(9)选择冰激凌图案的上半部分，将其剪切为新的图层并更名为“溶化”。执行“滤镜/液化”命令，使用“向前变形”工具，慢慢地推动鼠标以做成溶化的样子，即先用小画笔把往下流淌的液体做出来，再用大画笔做出溶化的状态。对于最上面的角，用“褶皱”工具定位在角上，当变成合适的状态时释放鼠标，制作完成，如右图所示。

[想一想]

在本任务中，我们一共使用了几种“液化”滤镜的工具？它们各有什么作用？

友情提示

“液化”滤镜的工具

- “向前变形”工具：单击该按钮后可设置画笔大小和画笔压力等，再用鼠标在图像上拖动，即可得到涂抹图像的效果。
- “重建”工具：单击该按钮后可设置画笔大小和画笔压力等，再用鼠标在图像上拖动，即可将拖动过的图像恢复原状。

- “顺时针旋转扭曲”工具：单击该按钮后可设置画笔大小和画笔压力等，用画笔圈住要加工的那部分图像。再按住鼠标左键，即可看到圈内图像在顺时针旋转扭曲，当获得满意的效果时，松开鼠标左键即可。
- “褶皱”工具：单击该按钮后可设置画笔大小和画笔压力等，用画笔圈住要加工的那部分图像。再按住鼠标左键，即可看到圈内的图像褶皱在缩小，当获得满意的效果时，松开鼠标左键即可。
- “膨胀”工具：单击该按钮后可设置画笔大小和画笔压力等，用画笔圈住要加工的那部分图像。再按住鼠标左键，即可看到圈内的图像膨胀扩大，当获得满意的效果时，松开鼠标左键即可。
- “左推”工具：单击该按钮后可设置画笔大小和画笔压力等，再用鼠标在图像上拖动，即可得到垂直方向上的像素，使像素左移，按住“Alt”键拖动则使像素右移。
- “镜像”工具：单击该按钮后可设置画笔大小和画笔压力等，再用鼠标在图像上拖动，即可得到反射方向上的像素，将像素复制到绘画区域，按住“Alt”键拖动则使像素沿与绘画相反的方向反射。
- “湍流”工具：单击该按钮后可设置画笔大小和画笔压力等，再用鼠标在图像上拖动，即可得到像波纹一样的效果。
- “冻结蒙版”工具：单击该按钮后可设置画笔大小和画笔压力等，再用鼠标在图像上拖动，设置保护区，可以保护该区域中的图像不会受任何变形工具拖动的影响。
- “解冻蒙版”工具：单击该按钮后可设置画笔大小和画笔压力等，再用鼠标在图像上拖动，可以擦除解冻区域。

[知识窗]

使用滤镜的原则

（1）滤镜只能应用于当前可视图层，且可以反复应用、连续应用，但一次只能应用在一个图层上。

（2）滤镜不能应用于位图模式、索引颜色和48bit RGB模式的图像，某些滤镜只对RGB模式的图像起作用，如Brush Strokes滤镜和Sketch滤镜就不能在CMYK模式下使用。另外，滤镜只能应用于图层的有色区域，对完全透明的区域没有效果。

〔做一做〕

打开素材"自测题素材\模块八\任务二\1.jpg"文件,用"液化"滤镜将其制作成方形蒲公英。

原图

⇒

效果图

任务三　制作水纹字
——用滤镜制作文字特效

任务目标

用滤镜制作特效文字的应用是非常广泛的。本任务里,我们用"风格化"、"扭曲"及"模糊"滤镜组等滤镜效果制作水纹字。

作品分析

本任务将通过滤镜和通道制作出在水面上映出水纹的文字。

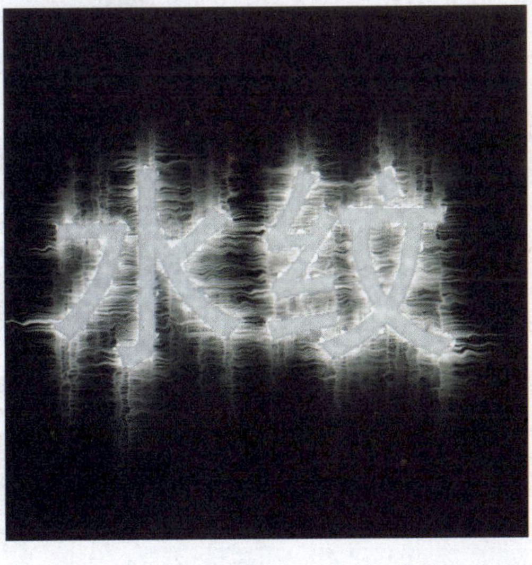

■ 操作步骤

(1)新建名为“水纹”的文件，如右图所示。

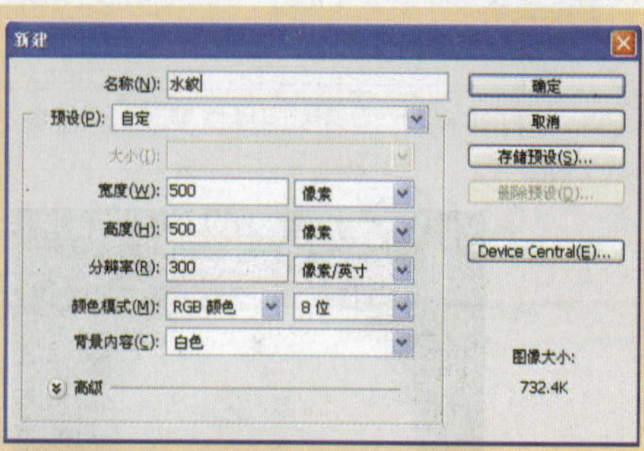

(2)新建 Alpha 1 通道，输入文字“水纹”，如下图所示。

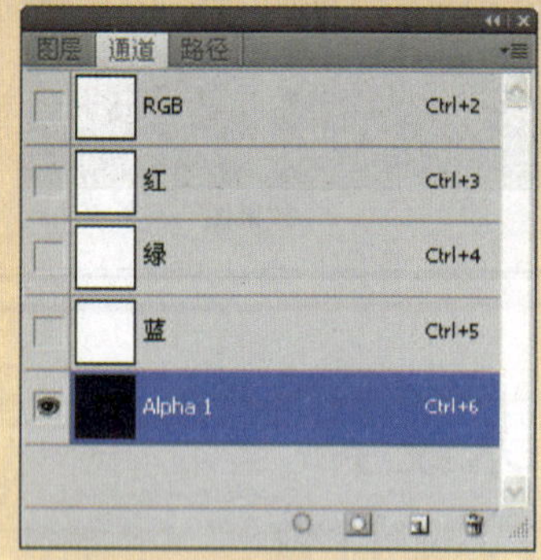

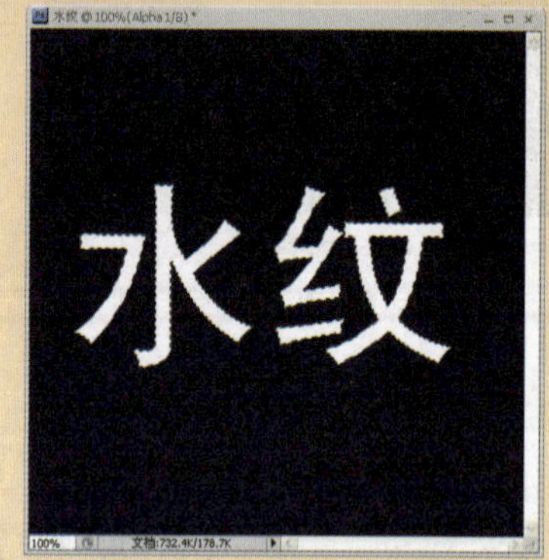

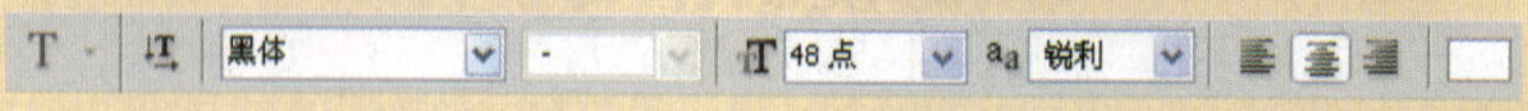

(3)复制 Alpha 1 通道，如右图所示。

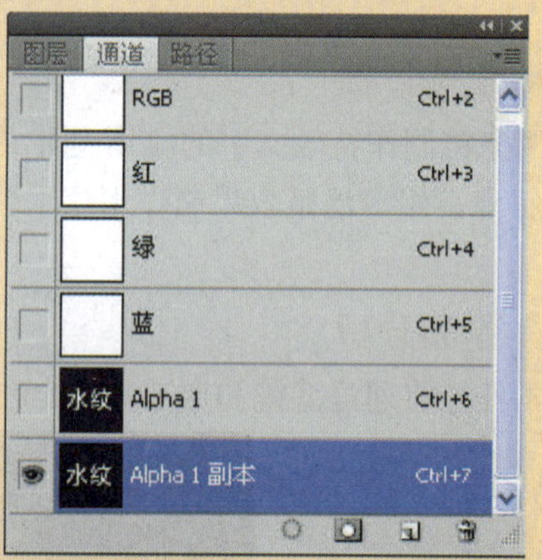

(4)执行“图像/旋转画布/90 度(顺时针)”命令，进行画布旋转，如右图所示。

（5）执行“滤镜/风格化/风”命令，如右图所示。

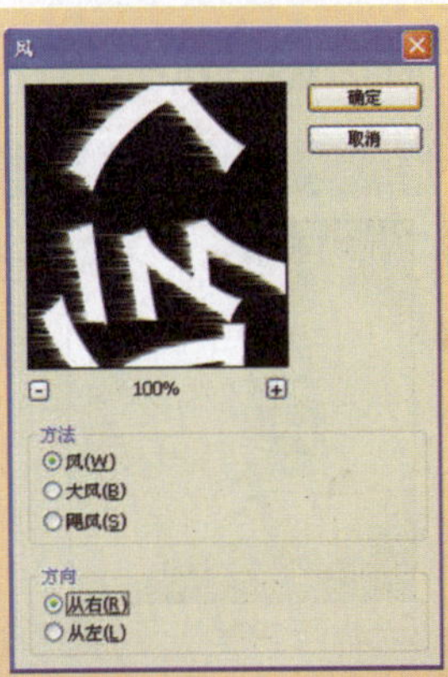

（6）按快捷键“Ctrl + F”两次，重复使用滤镜效果，如右图所示。

（7）反向选择，重复两次，如下图所示。

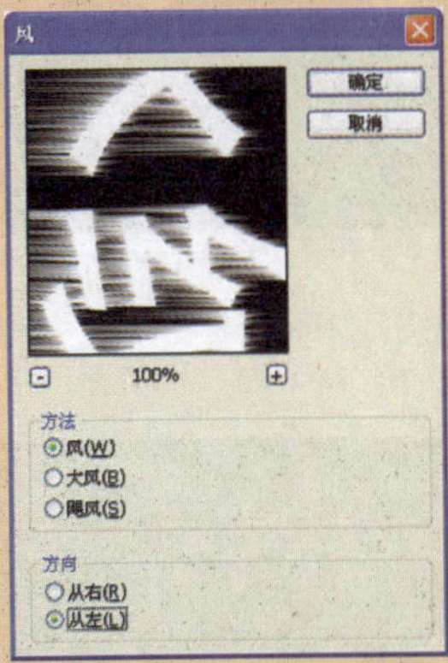

（8）执行“图像/旋转画布/90 度（逆时针）”命令，进行画布旋转。再执行“滤镜/风格化/风”命令，分别选择从左和从右，如右图所示。

(9)执行“滤镜/扭曲/波纹”命令，如下图所示。

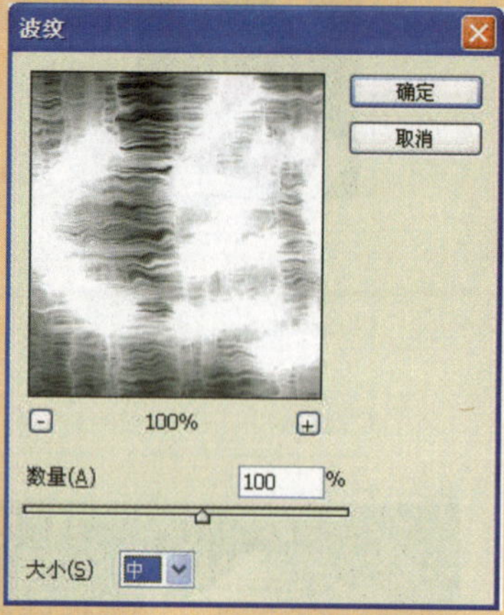

(10)选择 Alpha 1 通道，将文字载入选区，反选后，执行“滤镜/像素化/晶格化”命令，如下图所示。

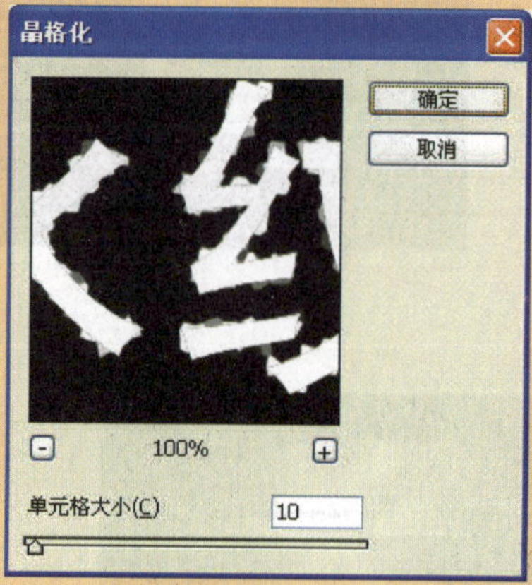

(11)反选，执行“滤镜/杂色/添加杂色”命令，如下图所示。

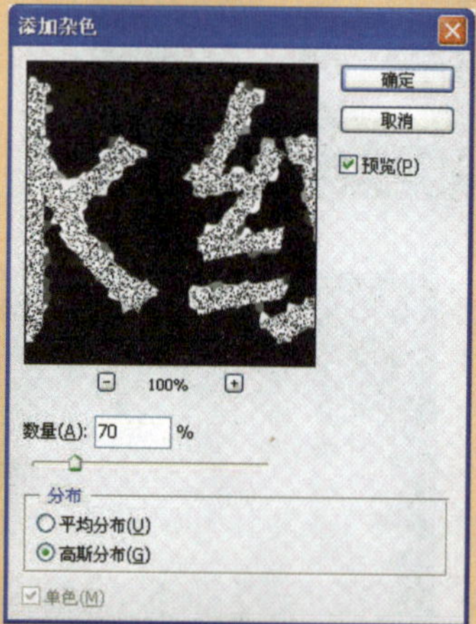

(12)执行“滤镜/模糊/高斯模糊”命令，如下图所示。

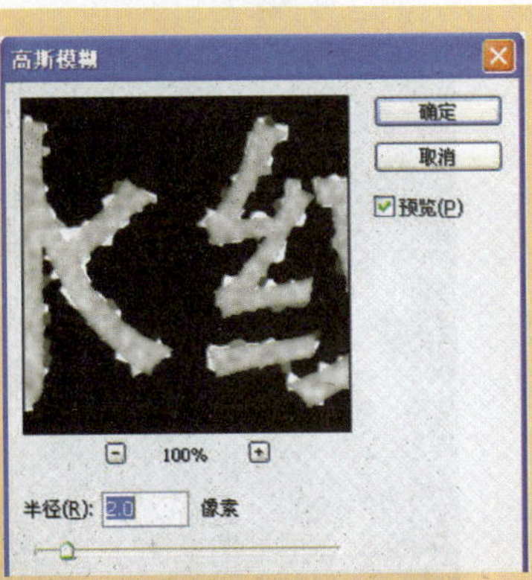

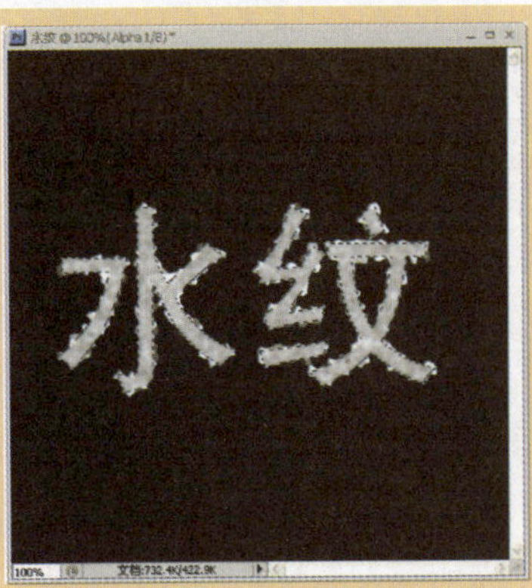

(13)新建图层1,将 Alpha 1 副本通道载入选区并复制到图层1,如右图所示。

(14)执行"图像/调整/色相/饱和度"命令,如下图所示。

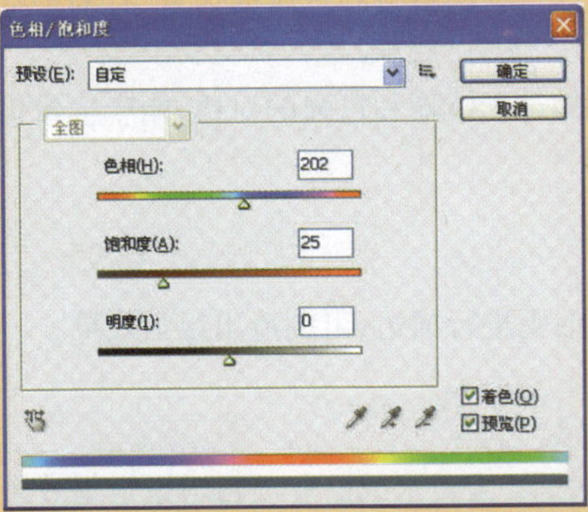

(15)新建图层2,将 Alpha 1 通道载入选区并复制到图层2,调整图像色相,如下图所示。

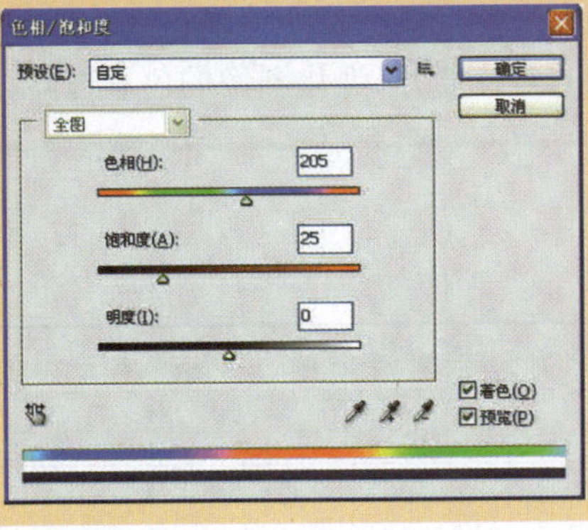

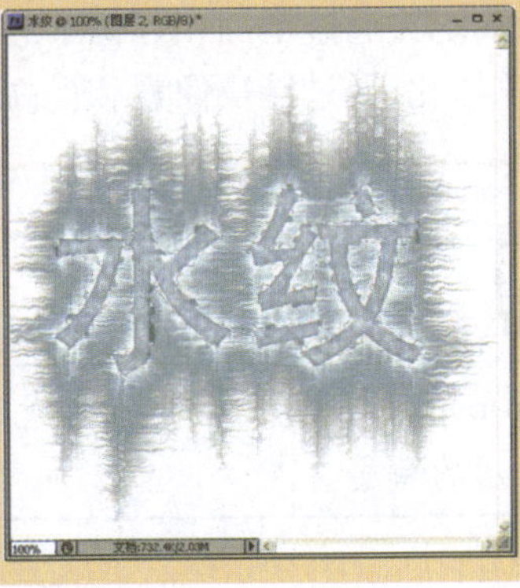

(16)将背景色填充为黑色，制作完成，如右图所示。

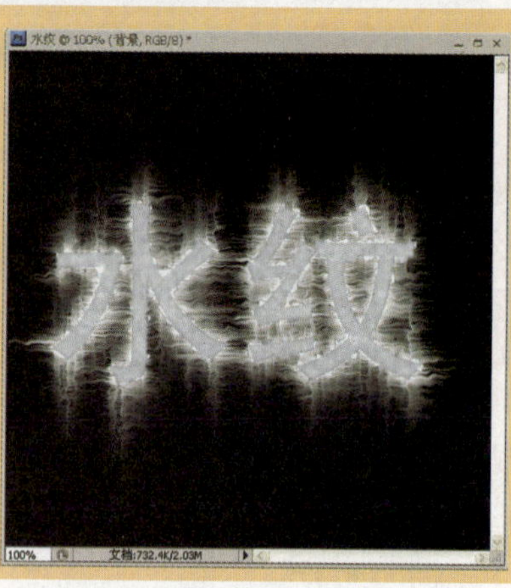

〔想一想〕

"风"滤镜在本任务中起什么作用？

友情提示

常用滤镜分类

- 杂色类：向图像中添加或移去杂色和带有随机分布色阶的像素，有助于将像素混合到周围的像素中去。
- 模糊类：用来减少相邻像素间颜色的过于清晰和过强的对比，能产生晕化柔和的效果。
- 扭曲类：将图像进行几何扭曲。
- 渲染类：将图像映射成三维效果。
- 画笔描边类：拟使用不同的画笔和油墨进行描边，可创造出绘画效果。
- 素描类：添加纹理可获得立体效果。
- 纹理类：使表面具有深度感或物质感。
- 艺术效果类：拟天然或传统的艺术效果，为美术或商业项目增添绘画效果或特殊效果。
- 锐化类：通过增加相邻像素的对比度来使模糊图像变清晰。
- 风格化：通过转换像素和提高图像的对比度，来强化图像的色彩边界。

〔知识窗〕

Photoshop 可输入矢量文字，生成的文字可以带有清晰的、与分辨率无关的边缘，可以保持图形的品质。

〔做一做〕

用"旋转扭曲"滤镜做出如下图所示的文字。

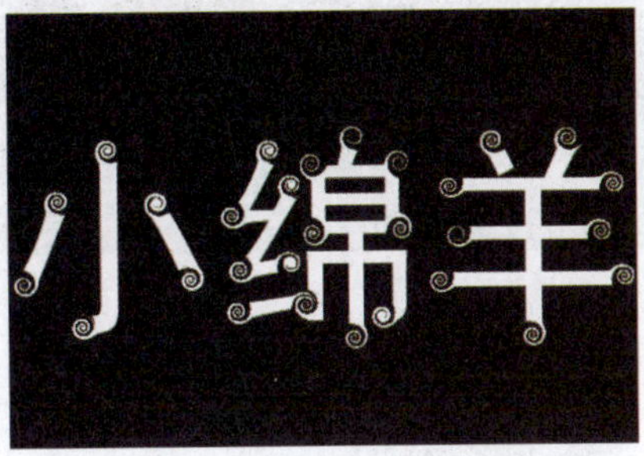

自我测试

1. 选择题

(1)"重复"滤镜的快捷键是(　　)。

A. Ctrl + A　　B. Ctrl + C　　C. Ctrl + M　　D. Ctrl + F

(2)"纹理化"滤镜提供的基本纹理是(　　)。

A. 砖型　　B. 斜纹布　　C. 铜版雕刻　　D. 砂岩

(3)(　　)滤镜可以使图像产生动态模糊的效果,能模仿物体运动时曝光的摄影手法。

A. 高斯模糊　　B. 特殊模糊　　C. 动感模糊　　D. 径向模糊

(4)(　　)可以对图像进行精细的模糊。

A. 高斯模糊　　B. 特殊模糊　　C. 动感模糊　　D. 径向模糊

(5)下列滤镜属于"风格化"滤镜的是(　　)。

A. 浮雕效果　　B. 挤压　　C. 极坐标　　D. 彩色铅笔

2. 操作题

(1)打开素材"自测题素材\模块八\任务三\1. jpg"文件,用"动感模糊"滤镜制作如下效果。

(2)打开素材"自测题素材\模块八\任务三\2. jpg"文件,用"湍流"滤镜制作水面倒影,如下图所示。

(3)新建文件,用“添加杂色”、“扩散”及“查找边缘”滤镜制作填充文字,如下图所示。

模块九 Photoshop CS4的文件自动化处理

【模块综述】

只要事先设置很少的几个参数，Photoshop就会自动帮你完成许多烦琐的工作，这就是Photoshop CS4的文件自动化处理。本模块将介绍历史记录画笔，动作及批处理等文件自动化处理，帮助大家快速完成操作。

学习完本模块后，你将能够：

- 了解历史记录面板的应用。
- 掌握创建快照。
- 掌握历史记录画笔。
- 了解动作面板的应用。
- 掌握创建动作。
- 掌握批处理。

任务一　对照片人物进行磨皮处理——历史记录面板的应用

任务目标

本任务使用历史记录面板，通过对照片人物面部进行磨皮处理来掌握历史记录画笔的应用及了解动作面板的应用。

作品分析

本任务将通过图层混合模式和滤镜的运用来达到美化肌肤的效果。

操作步骤

(1)执行“文件/打开”命令，打开“素材\模块九\任务一\磨皮.jpg”文件，如右图所示。

(2)复制背景图层，混合模式选择“滤色”，调整图层透明度为“70%”，如下图所示。

(3)合并图层，执行“滤镜/模糊/高斯模糊”命令，设置相关参数，如下图所示。

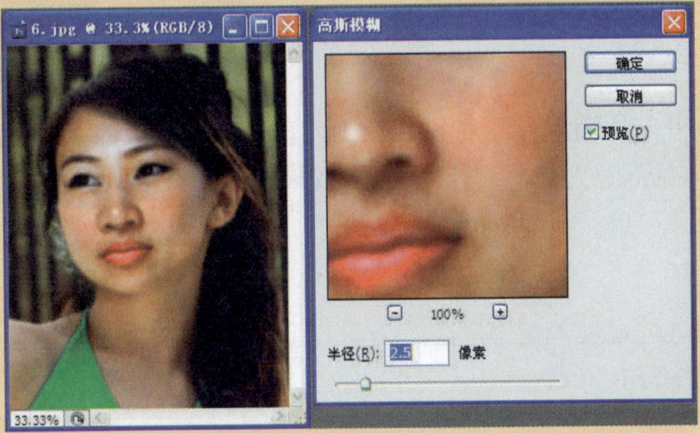

(4)执行“栏图像/调整/曲线”命令，设置相关参数，如下图所示。

(5)执行“窗口/历史记录”命令，调用“历史记录”面板，在最后一步处右击，在弹出菜单选择“新建快照”，如右图所示。

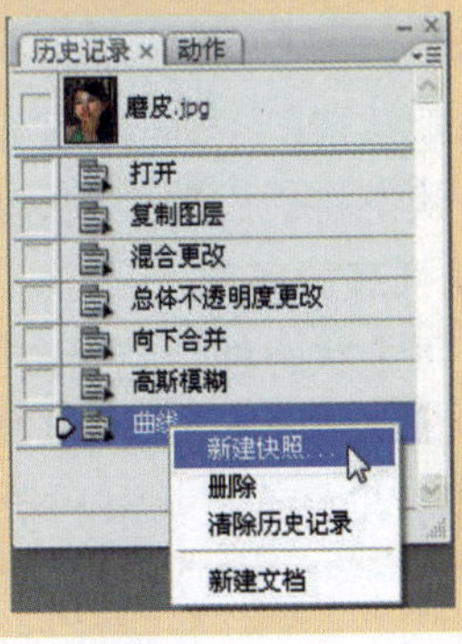

(6)在快照前添加“历史记录”画笔后，回到“向下合并”这一步后单击，如下图左图所示。

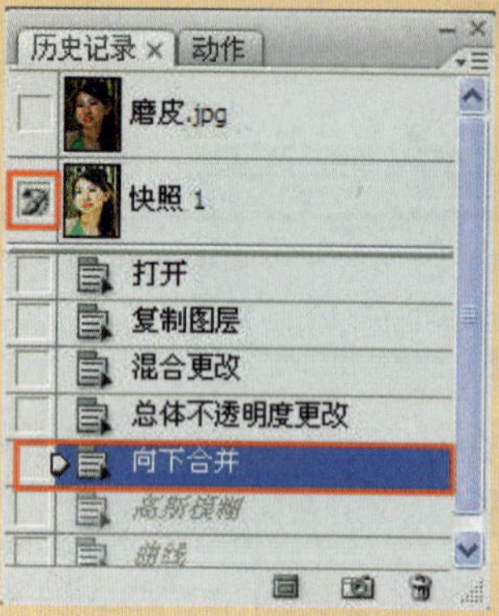

(7)选择“历史记录”画笔，把图片放大后再慢慢涂抹脸部，可以看见脸部皮肤变得光滑，一直涂抹到满意为止。制作完毕后，效果如上图右图所示。

〔想一想〕

新建快照的作用是什么？

友情提示

在使用“历史记录”面板时，请记住以下几点：

(1)程序范围内的更改(如对面板、颜色设置、动作和首选项的更改)不是对某个特定图像的更改，因此不会反映在“历史记录”面板中。

(2)默认情况下，“历史记录”面板将列出以前的 20 个状态。可以通过设置首选项来更改记录的状态数。较早的状态会被自动删除，以便为 Photoshop 释放出更多的内存。如果要在整个工作会话过程中保留某个特定的状态，可为该状态创建快照。

(3)关闭并重新打开文档后，将从面板中清除上一个工作会话中的所有状态和快照。

(4)默认情况下，面板顶部会显示文档初始状态的快照。

(5)状态将被添加到列表的底部，也就是说，最早的状态在列表的顶部，最新的状态在列表的底部。

(6)每个状态都会与更改图像所使用的工具或命令的名称一起列出。

(7)默认情况下，当选择某个状态时，它下面的各个状态将呈灰色。这样，很容易就能看出是否在选定的状态继续工作，将放弃哪些更改。

(8)默认情况下,选择一个状态然后更改图像将会消除后面的所有状态。

(9)如果选择一个状态后更改图像,致使以后的状态被消除,可使用"还原"命令来还原上一步更改并恢复消除的状态。

(10)默认情况下,删除一个状态将删除该状态及其后面的状态。如果选取了"允许非线性历史记录"选项,那么,删除一个状态的操作将只会删除该状态。

〔知识窗〕

用"历史记录"画笔突出画面重点

Photoshop 中的"历史记录"画笔和"历史记录艺术"画笔工具都属于"恢复"工具,它们需要配合历史记录面板使用。所谓历史记录,是指图像处理的某个阶段建立快照后,无论何种操作,系统均会保存该状态。"历史记录"画笔工具和"历史记录"面板相结合,可以用来恢复图像的区域。对"历史记录艺术"画笔工具设置不同的属性参数和不同的画笔式样,可以得到不同风格的笔触,从而使图像具有不同风格。

〔做一做〕

打开"素材\模块九\任务一\1. jpg"文件,用"历史记录"做出如下效果。

任务二　给照片添加相框
——"动作"面板的应用

■ 任务目标

在本任务中,我们通过给小朋友的照片添加相框来掌握"动作"面板的应用。

■ 作品分析

本任务将通过 Photoshop CS4 自带的"动作"面板制作出相框效果。

原图

效果图

■ 操作步骤

（1）执行“文件/打开”命令，打开“素材\模块九\任务二\小女孩.jpg”文件，如右图所示。

（2）执行“窗口/动作”命令，把“动作”面板调用出来，选择默认动作下的“木质画框”，如右图所示。

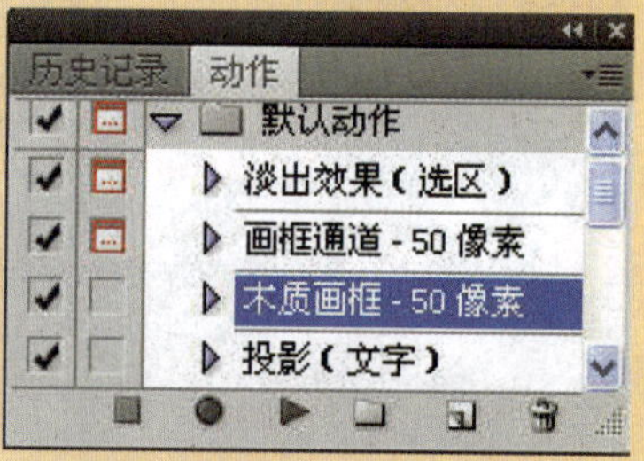

（3）单击面板底部的“播放选定的动作”按钮，图片周围出现画框，再按一下按钮，效果如右图所示。

(4)新建一个图层并将其命名为“蝴蝶”，关闭其他可见图层，再选用“自定义形状”工具画一只蝴蝶，将其填充为蜡笔黄，如右图所示。

(5)单击“动作”面板底部的“创建新动作”按钮，将创建的新动作命名为“渐变”并复制到蝴蝶图层，再按快捷键“Ctrl + T”对其进行变形，将长、宽各缩小5%，如下图所示。

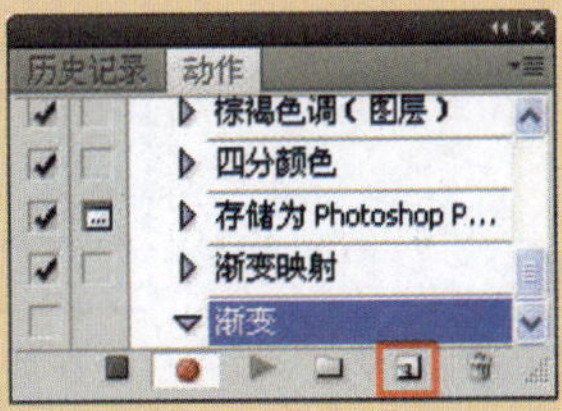

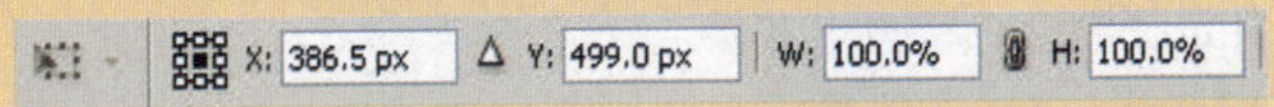

(6)执行“图像/调整/色相/饱和度”命令，将色相值设置为“+2”，如右图所示。

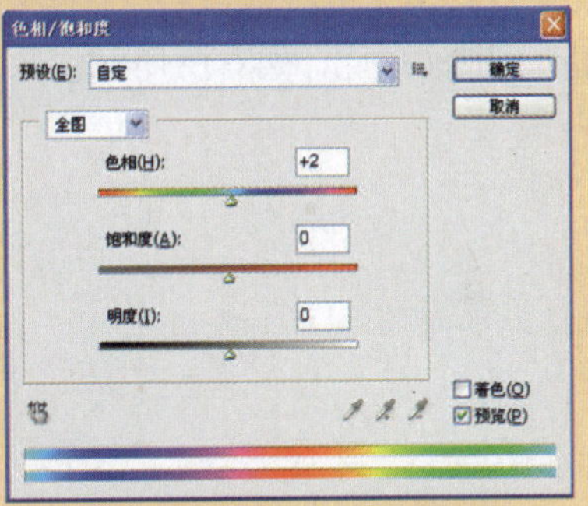

(7)单击“动作”面板底部的“停止录制”按钮，动作制作完毕。一直单击“播放”按钮直到满意为止，如右图所示。

(8)按下组合键“Ctrl + Shift + E”合并可见图层，缩小蝴蝶图案并放在合适的位置，如右图所示。

(9)在“色相/饱和度”对话框中，把值改为“-5”，如右图所示。

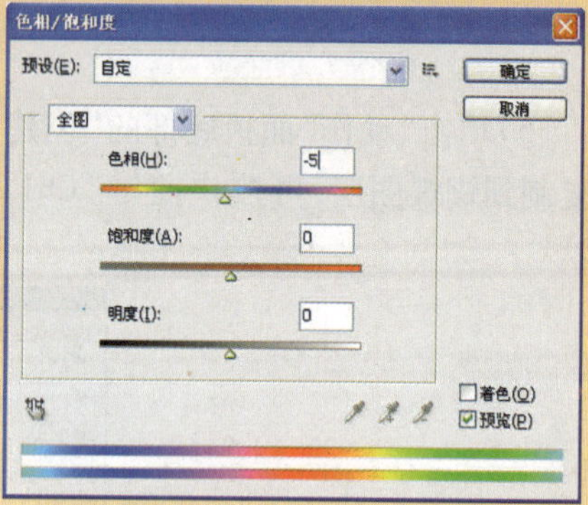

(10)新建一个图层并将其命名为“花朵”。选择“自定形状”工具画出花朵图案并将其填充成浅洋红色，一直按播放按钮直到满意为止，如右图所示。

(11)合并图层，将其缩放至合适的位置，制作完成，如右图所示。

〔想一想〕

创建的动作是不是只能在当前图片上使用？

友情提示

"动作"面板如下图所示。

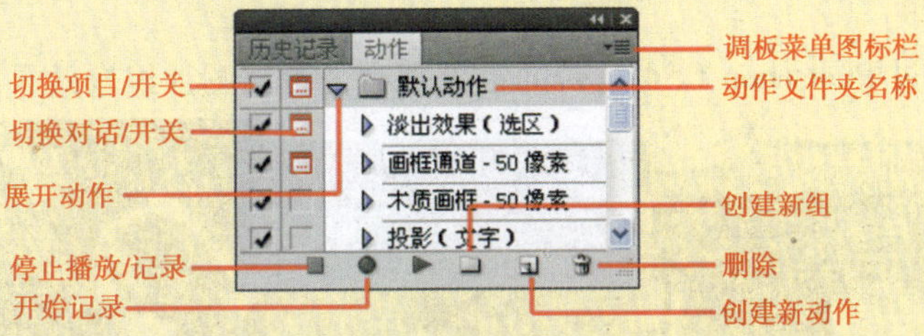

〔知识窗〕

添加下载的动作

从网络上下载 Photoshop 用户录制的动作集，大多数为免费资源。这些动作集以文件形式存在，扩展名为 AIN。可以通过以下方法载入这些动作集：

- 在 Windows 中双击该 AIN 文件，即可将该动作集载入。
- 在 Windows 中将该 AIN 文件拖入 Photoshop 中，即可添加至动作面板。
- 通过面板的选项菜单命令"载入动作"将该 AIN 文件载入动作面板。

〔做一做〕

用"动作"制作工具做出下图。

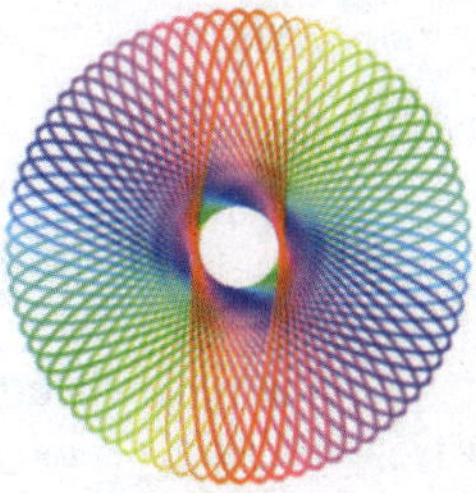

任务三 快速地给多张照片添加相框
——Photshop CS4 中的批处理

■ 任务目标

通过给多张照片快速进行四分颜色批量化处理来掌握批处理的运用。

■ 作品分析

本任务将通过 Photoshop CS4 自带的批处理命令做出图片组合效果。

■ 操作步骤

(1)执行“文件/自动/批处理”命令，弹出“批处理”对话框，如下图所示。

(2)在对话框中的“动作”一栏选择“四分颜色”，如右图所示。

(3)对话框中的“源”则选择“素材\模块九\任务三\图片包”，如右图所示。

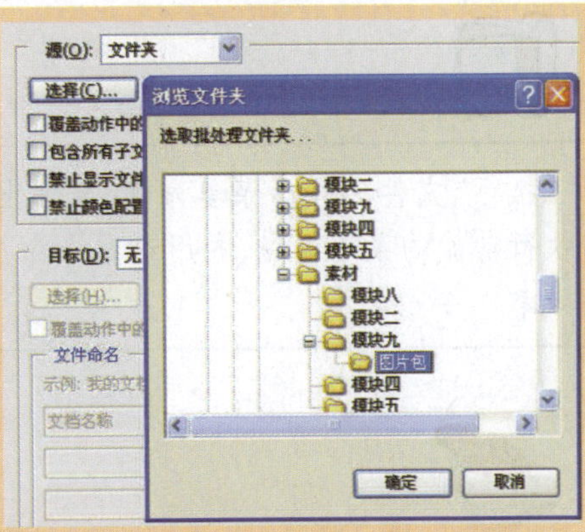

(4)单击“确定”按钮，处理完成，我们看到图片包里的图片被批量处理成四分颜色了，如下图所示。

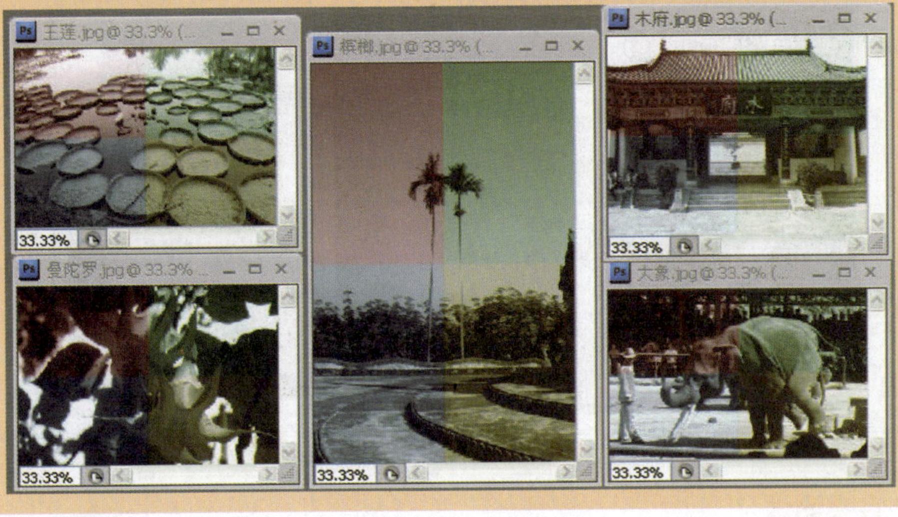

[想一想]

自己制作的动作可不可以用作批处理？

友情提示

批处理中一些选项的作用

- 目标：下拉列表框中有三个选项。
- 无：系统不存储图像，保持图像文件的打开状态。
- 存储并关闭：系统将处理后的文件存储，处理完毕后再将图像文件关闭。
- 文件夹：处理后的图像文件存放在指定文件夹内。

〔知识窗〕

执行“文件/自动”菜单命令，会弹出“自动”子菜单。“自动”子菜单有许多具有自动执行功能的菜单命令，利用这些命令批量化处理图像，可以简化图像处理的过程，提高效率。

〔做一做〕

先使用“极坐标”滤镜和“径向模糊”命令创建动作，再批处理图片包里的图片。

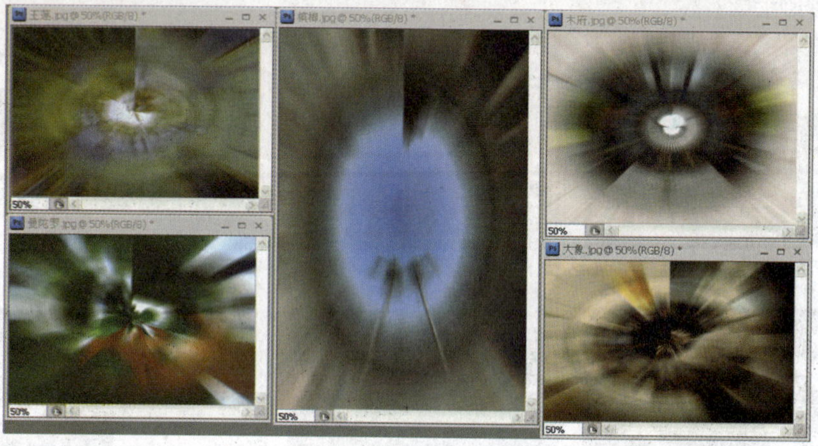

自我测试

1. 选择题

(1) 在默认情况下，“历史记录”面板将列出以前的(　　)个状态。

A. 10　　B. 20　　C. 30　　D. 40

(2) 如果要在整个工作会话过程中保留某个特定的状态，可为该状态(　　)。

A. 创建快照　　B. 新建文档　　C. 保存　　D. 替换文档

(3) 想要新建一个动作组，可以通过(　　)。

A. 单击“创建新组”按钮　　B. 单击“创建新动作”按钮

C. 单击“开始录制”按钮　　D. 以上都对

(4) 下列关于动作说法正确的是(　　)。

A. 动作不可以保存　　B. 动作不可以编辑

C. 动作不可以删除　　D. 使用绘画工具时不可以录制动作

(5) 使用(　　)命令可以生成一个文件目录中所有图像文件的缩略图。

A. 关系表　　B. 批处理　　C. 历史记录　　D. 动作

2. 操作题

(1) 打开“素材\模块九\1. jpg”文件，用“历史记录”制作下面的效果图。

(2)打开“素材\模块九\2. jpg”文件,用“动作”制作水中倒影文字。

(3)用批处理方式把图片包里的文件改为宽300像素、高225像素的文件。

模块十
网页制作

【模块综述】

Photoshop CS4提供了网页制作功能，我们通过其提供的组件可以轻松制作出主页面和相关网页的版面元素，并能对版面施以更精确的控制，使网页的页面和布局更加灵活和生动，并按照相关的格式输出完整的页面。

学习完本模块后，你将能够：

- 使用“切片”工具设计出主页面和相关网页的版面元素。
- 使用“动画”制作工具创建Web动画。
- 使用Web相片画廊的应用将一组图片快速转换为交互网站。

任务一　制作校园主页——“切片”工具的使用

■ 任务目标

在网页设计中为了追求更好的视觉效果，很多时候会采用一整幅图片来布局网页，但这样做的结果是下载速度较慢。为了加快网页下载速度和图片链接速度，可通过切片技术把一整张图片切割成若干小块，使图片下载速度更快、画面质量更高，使其能够更快地连接到其他的网站或网页。

■ 作品分析

本任务将进行网站主页和版面元素的布局与优化。

■ 操作步骤

(1)执行“文件/打开”命令，打开“素材\模块十\任务一\index .jpg”文件，如右图所示。

(2)在工具箱中找到“切片工具”，如右图所示。

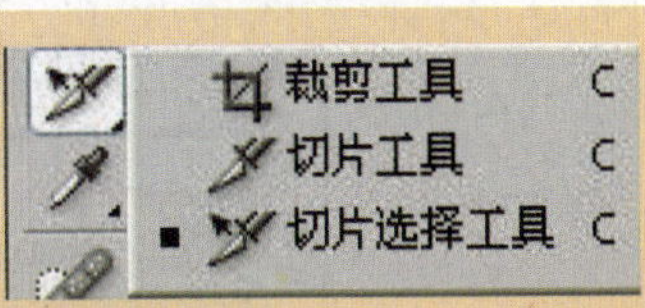

(3)在图片上“画”出每个切割区域，可见每个切割区域都会带上一个数字标签，如下图所示。

(4)选用“切片选择工具”后双击第 4 个切片，即“学校概况”区域，则出现如下图所示的窗口。

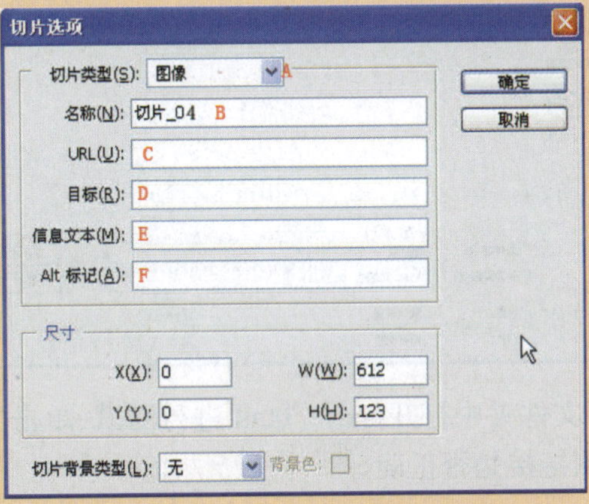

(5)将 A 的切片类型选择“图像”；B 切片名称保持默认值；在 C 切片中 URL 处填入单击该切片时相链接网页的地址；在 E 切片中的信息文本处填入在浏览器状态栏显示出的信息；在 F 切片中的 Alt 标记处写入替代浏览的替代文本。

(6)重复步骤(4)和(5)，将“校园新闻”、“党建园地”、“教育教学”等切片进行设置。

(7)执行“文件存储为 Web 和设备所用的格式……”命令(组合“Alt + Shift + Ctrl + S”)，出现如下图所示的窗口。

（8）新建文件夹“校园主页”，单击“存储”按钮，则出现如下图所示的窗口。在文件名中输入“index”，文件类型中选择“HTML 和图像(jpg)”，单击“保存”按钮将其保存到“校园主页” 文件夹中。

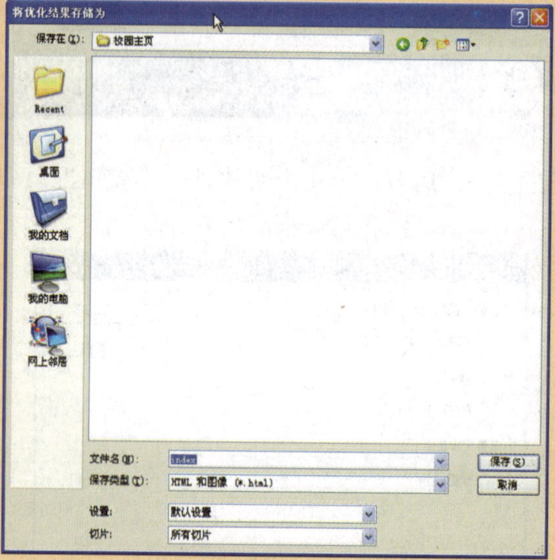

（9）在“校园主页”文件夹中打开 index. html 进行测试，单击“校园新闻”、“党建园地”、“教育教学”以检测链接是否正确。

［做一做］

请同学们根据以上步骤，实现各子页面之间的相互链接，要求单击任何一个切片位置都可以进入其他页面。

友情提示

1.“切片”工具(K)

“切片”工具在工具栏中有两种模式,分别是“切片”工具和“切片选取”工具。

- “切片”工具:主要是将图片切成多块,以切出所需要的部分。切的时候建议用“放大镜”工具来切,或者在知道要切多少像素的前提下用“视图\新参考线”建立参考线,然后用“切片”工具属性栏中的“基于参考线”进行切片。每个切片都有一个数字标签,数字即表示切割的块数,如右图所示。

- “切片选取”工具:就是选择切好的切片,并且可以修改切片的大小。

2.“切片”工具属性栏

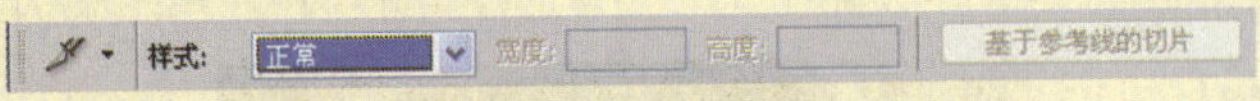

(1)样式选项。

- 正常:选项通过拖移确定切片比例。
- 固定长宽比:设置高度与宽度的比例,输入整数或小数作为长宽比。例如若要创建一个宽度是高度2倍的切片,请输入宽度“2”和高度“1”。
- 固定大小:指定切片的高度和宽度,输入整数像素值。

(2)在要创建切片的区域上拖移。按住“Shift”键并拖移可将切片限制为正方形;按住“Alt”键(Windows)或“Option”键(Mac OS)拖移可从中心绘制;使用“对齐”将使新切片与参考线或图像中的另一切片对齐。

3.“切片选择”工具属性栏

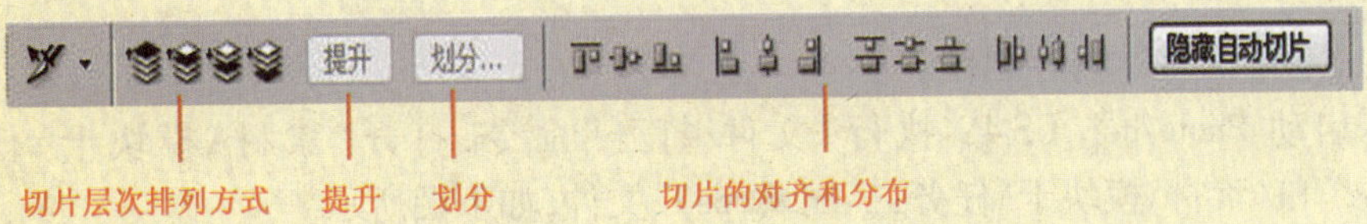

- 切片层次排列方式:从左至右依次为置为顶层、前移一层、后移一层、置为底层。
- 提升:将自动或图层切片提升为用户切片。
- 划分:进行水平和垂直方向划分切片。

任务二　制作“蝴蝶翩翩”Gif 动画
——“动画”面板的使用

■ 任务目标

Photoshop CS4 中的动画是指在一段时间内显示的一系列图像或帧。每一帧较前一帧都有轻微的变化，当连续、快速地显示这些帧时，就会产生运动或其他变化的感觉。

■ 作品分析

本任务将通过制作一只蝴蝶在花丛中翩翩起舞的动画来学习“动画”面板的使用方法。

■ 操作步骤

(1)动画的基本内容制作。

①启动 Photoshop CS4，执行“文件/打开”命令，打开“素材\模块十\任务二\花.jpg”和“素材\模块十\任务二\蝴蝶.psd”文件，如下图所示。

②将“蝴蝶. psd”中的图像移入“花. jpg”中，并调整其位置和大小，然后在“图层”面板中将其命名为“蝴蝶”，如下图所示。

③按快捷键“Ctrl + J”复制出一个“蝴蝶”副本，以用于切下蝴蝶翅膀图案做动态效果，如右图所示。

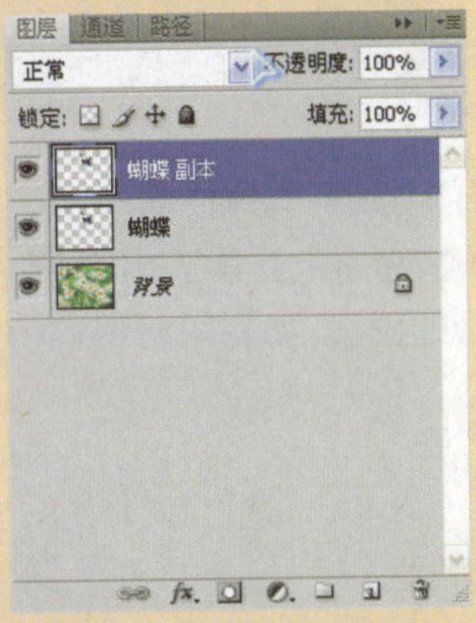

④选择“蝴蝶”副本层，用“多边形套索”工具选出蝴蝶左边翅膀的图案，如右图所示。

⑤按快捷键“Ctrl + X”剪切下翅膀图案，新建一个图层并命名为“左 1”，再按快捷键“Ctrl + V”粘贴，如下图所示（图中隐藏了“蝴蝶”层以便观看）。

⑥使用“移动”工具将翅膀图案放回原位，如右图所示。

⑦再次选择“蝴蝶”副本层，用“多边形套索”工具选出蝴蝶右边翅膀的图案，如右图所示。

⑧按快捷键“Ctrl + X”剪切下翅膀图案，新建一个图层并将其命名为“右 1”，按快捷键“Ctrl + V”粘贴上翅膀图案，再用“移动”工具将其放回原位，如右图所示。

⑨选择"右 1"层，按快捷键"Ctrl＋J"复制出"右 1 副本"，将其命名为"右 2"。同样地选择"左 1"层，并复制出"左 1 副本"，命名为"左 2"，如右图所示。

⑩选择"左 2"层，按快捷键"Ctrl＋T"将其调整到如右图所示的大小和位置。

⑪选择"右 2"层，按快捷键"Ctrl＋T"调整到如右图所示的大小和位置。

(2)动画制作。

①执行"窗口/动画"命令，打开动画面板，如下图所示。

②选择第1帧，将显示时间设为0.1秒，在“图层”面板隐藏除“蝴蝶”层和“背景”层外的所有图层，最后单击红框内按钮复制出第2、3帧，如右图所示。

③选择第1帧，将蝴蝶图案拖到左上角直至大部分身体在画面外，如右图所示。

④选择第 2 帧，将蝴蝶图案拖到花的图案上，如右图所示。

⑤选择第 3 帧，将蝴蝶图案拖到右下角直至大部分身体在画面外。至此，就确定了蝴蝶飞入和飞出画面的 3 个位置，如右图所示。

⑥选择第 2 帧，单击红框内按钮复制出第 3、4 帧，如右图所示。

⑦选择第 3 帧，设置图层显示和隐藏。这样，第 2、3、4 帧就能完成一个振翅的动作。单击“动画”面板中的三角形播放按钮可随时观看效果，如右图所示。

⑧如想让蝴蝶振翅 2 次，则按住“Shift”键同时选中第 2、3、4 帧，再单击“复制”按钮复制出第 4、5、6 帧即可，如右图所示。

⑨同时选中前 2 帧，单击红框内“过渡”按钮设置过渡，以形成蝴蝶徐徐飞入画面的效果，如右图所示。

⑩同时选中最后2帧，设置同样的过渡，以形成蝴蝶徐徐飞出画面的效果，如右图所示。

⑪按住“Ctrl”键同时选中第1帧和第4帧，设置显示时间为0.5秒，如右图所示。

⑫执行“文件/存储为Web和设备所用格式”命令，如右图所示。

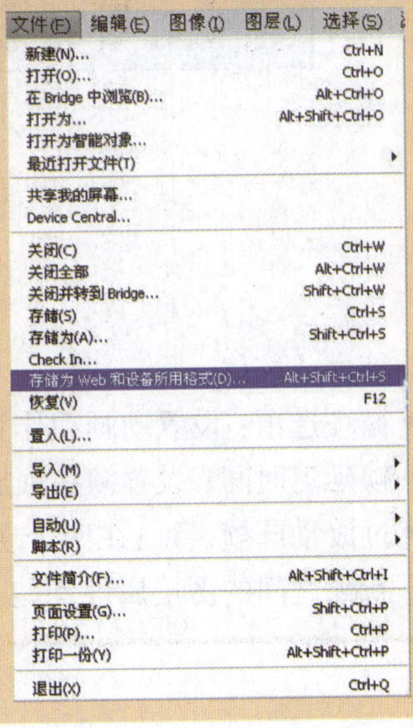

⑬在弹出对话框中，默认各参数，单击“存储”按钮，即可保存 Gif 动态图。

〔想一想〕

(1)动画制作的步骤是什么？
(2)编辑帧有几种方法？

友情提示

1. 帧动画面板

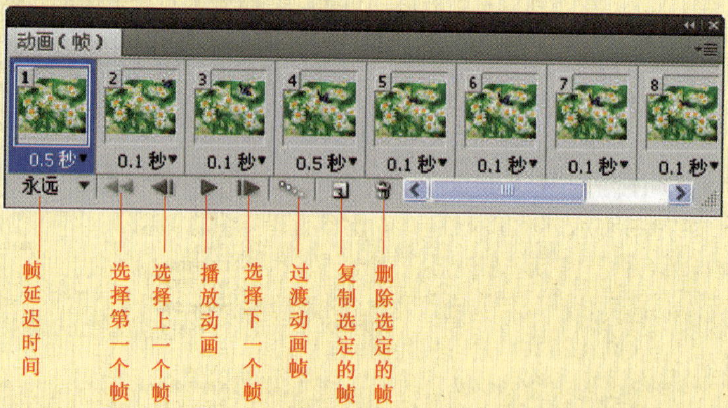

2. 帧模式控件

- 循环选项：设置动画在作为动画 Gif 文件导出时的播放次数。
- 帧延迟时间：设置帧在回放过程中的持续时间。
- 过渡动画帧 ：在两个现有帧之间添加一系列帧，通过插值方法(改变)使新帧之间的图层属性均匀。

- 复制选定的帧：通过复制“动画”面板中的选定帧，向动画添加帧。
- 转换为时间轴动画（Photoshop Extended）：用于将图层属性表示为动画的关键帧，将帧动画转换为时间轴动画。

〔知识窗〕

Photoshop 支持的视频和图像序列格式

QuickTime 视频格式	MPEG-1，MPEG-2，MPEG-4MOV，AVI，FLV
图像序列格式	BMP，DICOM，JPEG，OpenEXR，PNG，PSD，Targa，TIFF

任务三　制作照片画廊“美丽的大峡谷”
——Web 相片画廊的应用

■ 任务目标

Web 照片画廊是一个 Web 站点，它具有一个包含缩览图图像的主页和若干包含全大小图像的画廊页。每页都包含链接，使访问者可以在该站点中浏览。使用“Web 照片画廊”命令就可将一组图像自动生成一个 Web 照片画廊。

■ 作品分析

本任务将进行 Web 照片画廊制作，当单击左边的缩略图时，右边显示框中将放大相应的图片。

■ 操作步骤

(1)启动 Photoshop CS4，执行“文件/打开”命令，执行“文件/自动/ Web 相片画廊的应用”命令，如下图所示。

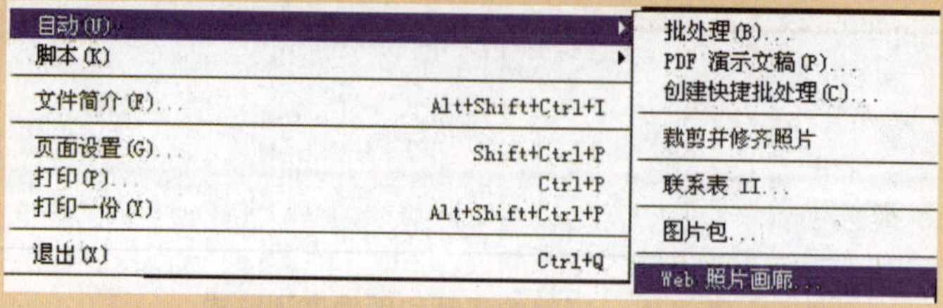

(2)出现如下图所示的对话框。

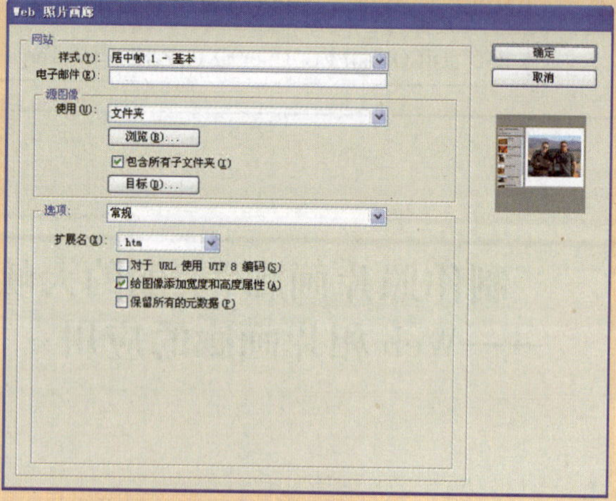

(3)单击“浏览(B)”按钮，打开“素材\模块十\任务三”，然后单击“确定”按钮，如右图所示。

(4)单击“目标(D)”按钮，打开“素材\模块十\任务三\目标文件”后单击“确定”按钮，如右图所示。

(5)在图中的红色框部分单击“选项”下拉框，选择“横幅”选项，如下图所示。

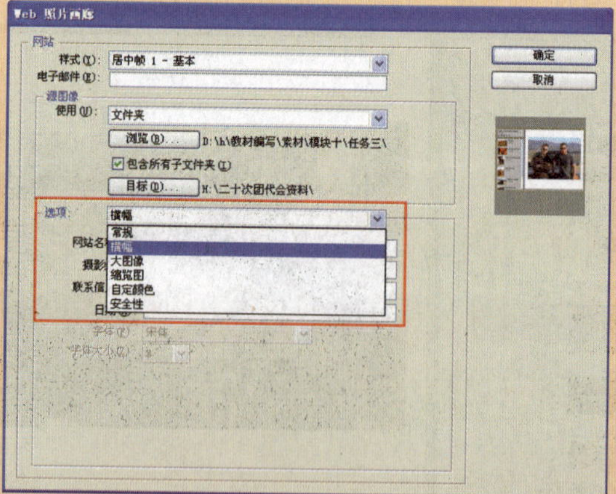

(6)在图中的红色框部分设置相关选项，如下图所示。

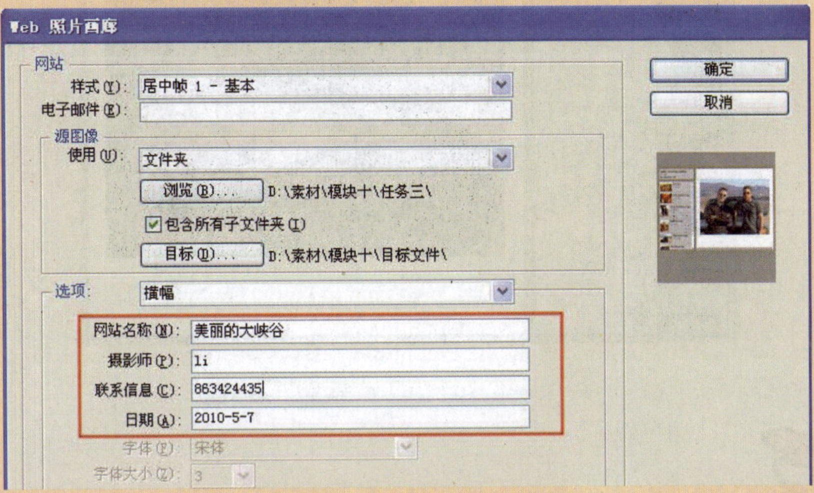

(7)再次在图中红色框部分单击“选项”下拉框，选择“大图像”选项并设置相关参数，如下图所示。

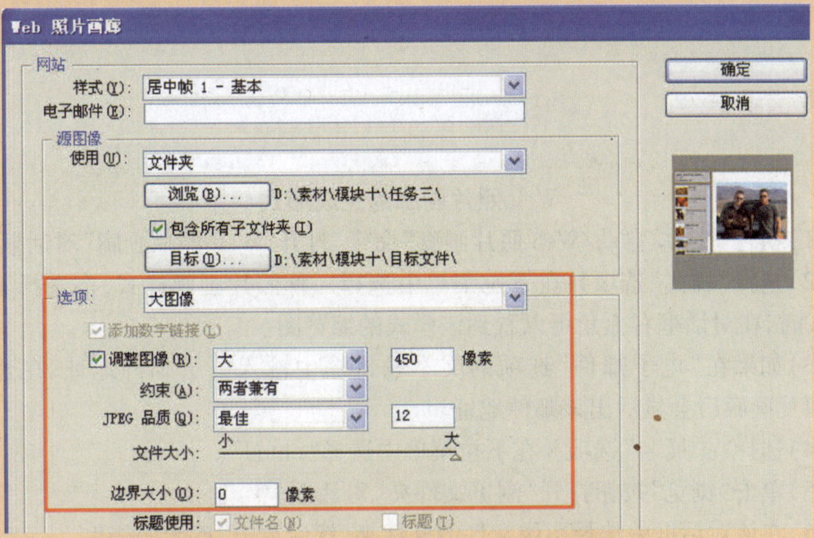

(8)其他项目选择默认值，单击“确定”按钮后软件将自动执行。

(9)自动执行完成后，将自动启动浏览器出现如下图所示的效果。

[做一做]

(1)制作一个关于校园风光的 Web 照片画廊。

(2)看一看目标文件夹里面有多少文件夹、文件？它们的作用是什么？

友情提示

Web 照片画廊的生成形式

(1)执行“文件/自动/Web 照片画廊”命令，打开“Web 照片画廊”对话框。

(2)选择“样式”选项并在下拉菜单中选择一种照片画廊样式，在选择不同画廊样式时，在对话框右上角可以看到该样式的缩览图。

(3)如果在“电子邮件”选项的文本输入框中输入电子邮件地址，在建立好 Web 照片画廊后会显示出该邮件地址。

(4)选择“扩展名”选项并在下拉菜单中选择“.html”。

(5)单击“浏览”按钮打开“浏览文件夹”对话框。

(6)在该对话框中选择图像文件的文件夹，然后单击“确定”按钮。

(7)单击“目的”按钮。

(8)在“浏览文件夹”对话框中指定保存 Web 照片画廊文件的文件夹，然后单击“确定”按钮。

(9)单击“Web 照片画廊”对话框中“好”按钮，打开浏览器，显示制作好的 Web 照片画廊文件。

自我测试

1. 填空题

(1)“切片”工具(K)在工具栏中有两种模式,分别是__________、___________。

(2)打开“动画”面板的方法是_________________________。

(3)Web 相片画廊的打开方法是__________________________________。

2. 选择题

(1)创建切片正方形区域时,须按住(　　)键拖移。

A. Shift　　B. Ctrl　　C. Alt　　D. Tab

(2)动画文件存储文件扩展名通常为(　　)。

A. exe　　B. jpg　　C. max　　D. gif

(3)Web 照片画廊存储文件扩展名为(　　)。

A. jpg　　B. max　　C. html　　D. Doc

3. 问答题

(1)Photoshop CS4 支持的视频和图像序列格式有哪些?

(2)简述 Web 照片画廊的生成形式。

4. 操作题

收集素材,运用切片、动画、Web 照片画廊的知识做一个简单的班级网站。